Renaître

る

インベカヲリ★

#KuToo運動をしている優実さんは、そのとき葬儀社でアルバイトをしていて、私はそこに興味を持った。葬儀の仕事ってなかなか選ばないものに感じたからだ。しかも女優業もやっていて、ますますイメージから遠ざかる。でも優実さんは言った。「死はいつか迎えることなのに隠されてる。隠すってなんなんだろうというのがずっとある」。優実さんは主演映画で脱いだり、ヌード写真集も出版している。それに対しても同じだった。「裸になるとバカにされることが多い。なんでなんだろう？」。#KuTooもそうだ。なぜ女性だけがパンプスを強制され、足を痛めながら働かなくてはいけないのか。優実さんにとっては、全てが一つの疑問で繋がっていた。

　常識を疑うって難しい。生まれた時から当たり前にあるものを、違う視点で見るってなかなか出来ない。でも優実さんは、まっさらな視点で鋭くこの世を見ている。一見するとなんの共通性もない#KuTooとヌードと葬儀が、思わぬところで繋がっていると知ったとき、私は面白い！　と思った。そしてふっと、棺桶に大量のパンプスが入っているイメージが浮かんだ。「ヌードにはどんな意味がある？」と聞くと、優実さんは「ヌードは誤魔化すものがない。嘘をついてない」と即答した。全部が繋がって、すぐに写真のイメージが出来上がった。

（インベカオリ★）

インベさんの写真展を観に行った時から、この人に写真を撮ってもらいたいと思っていた。インベさんの撮る女の子の写真には、その女の子の人生や考えていることがしっかりと写っているからだ。私は男性に消費されるためだけの都合の良い裸ではなく、本当の私を撮って欲しかった。私のためのヌード写真を撮って欲しかった。「#KuToo」。当たり前だと思わされてきた女性差別からの解放。女だけを自由にしろと言っているわけじゃない。男性と同じ靴を履いて仕事をする権利を求めている。裸になることも一緒だ。「女が裸になったら見下しても良い」という当たり前に存在する女性差別からの解放。ムキムキの男性が筋肉を売りに仕事をしても「男を売りにしているのだから男性差別を語るな」と言われないのならば、私だって自分のこの身体を活かして仕事をしたっていいはずだ。フェミニストが脱いで何が悪い。私が脱いだからって、誰も私の「人としての権利」を奪うことはできない。

（石川優実）

P.092に玖保樹鈴による石川優実インタビューを掲載しています。

窮屈なパンプスに足をねじ込む。

「女である」とは、どういうこと？

入学試験では不利に扱われる。

「女」はいったい、いつから「女」になった？

結婚したら姓が変わる。

そして、この「区別」はいつまで続く？

ムダ毛は処理しなければいけない。

想像しよう。

姉たちが「女である」ことをどう受けとめ、
その扱われかたにどう抗ってきたか。

考えよう。

どんな性であっても、
どんな立場であっても、
どんな世代であっても、
そこに弱者がつくられないように何ができるか。

語ろう。

美味しいごはん、ファッション、
アイドル、恋……、
私たちのこれからのこと。

シモーヌ
Les Simones
VOL.1

［目次］

表紙切り絵：益子実穂

BEAUVOIR

VOIR

監修
木村信子、棚沢直子（日仏女性研究学会、ボーヴォワール研究）
編集協力・テキスト
新行内美和

特集

シモーヌ・ド・ボーヴォワール

「女であること」：70年後の《第二の性》

作家・哲学者として、生涯「書くこと」を通して
「女性の解放」を体現し続けた
シモーヌ・ド・ボーヴォワール（1908-1986）。
今日その名が挙げられるべきは、
「ジャン＝ポール・サルトルのパートナー」としてではなく、
1949年に発表されたフェミニズムの古典
『第二の性』をはじめとするエッセイや小説、回想録など、
多くの作品を遺したひとりの豊かな作家としてである。
当時のフランス社会にスキャンダルを巻き起こし、
世界中の多くの女性たちの意識を揺さぶったこのエッセイ。
彼女自身、それまで自分が「女であること」を
意識したことはとくになく、この本を書くことを通して
「発見」していったのだという。
「女である」とはどういうことなのか？
その事実に向き合い、歴史的・社会的につくられる
「女というもの」の宿命と条件とを自らの意志で
超越しようとした、ボーヴォワールの「個人的革命」。
それはやがて「女たちの革命」となり、
今日においてもなお、すべての人が人として生きるための
「指南の書」として、私たちの意識を支え続けている。

BEAU

CAMEL
ABOUT MEN
PHYLLIS CHESLER

人は女に生まれるのではない、

On ne naît pas femme, on le devient.

女になるのだ。*


あまりにも有名すぎるこのフレーズ。

実際のところ何を意味するのか？「女という神話」とは？

ボーヴォワールは言う。「女」とは「つくりもの」である、と。

それは、それぞれの女の子が育ってゆく過程において、
しつけや教育や社会の慣習といった環境によってつくり上げられる「女という神話」だ。

女性は大人になるにつれ、それが外から押しつけられた「つくりもの」のイメージだということに気づくことなく、あたりまえのように受け入れ、内面化してしまう。

そしていつのまにかそのイメージこそが自分のあるべき姿なのだと思い込み、
知ってか識らずか、そこから外れないよう、イメージに沿った生き方を選択する。


「女である」とは、「男である」とは、どういうことなのか？

ボーヴォワールがそう問うたのは70年前。

今、私たちはどれくらい「自分」を生きられるようになっただろうか？

テキスト：新行内美和

*Simone de Beauvoir, *Le Deuxième Sexe II*, Gallimard, 1949.
（シモーヌ・ド・ボーヴォワール『［決定版］第二の性 II 体験［上］』、『第二の性』を原文で読み直す会訳、新潮文庫、2001年）

P.010-011: ©Roger-Viollet/amanaimages
Photograph by Jack Nisberg, Simone de Beauvoir (1908-1986), French writer.Paris, 1957.
P.012: ©Roger-Viollet/amanaimages
Photograph by Janine Niepce, Simone de Beauvoir (1908-1986), French writer, at her place. Paris, Palais Royal, 1978.

シモーヌ・ド・ボーヴォワール『第二の性』

KIMURA Nobuko

木村信子

シモーヌ・ド・ボーヴォワール（一九〇八～一九八六）が『第二の性』を書き始めたのは、第二次世界大戦終戦後の一九四六年一〇月だった。刊行されたのが一九四九年六月、しかもその間アメリカで四カ月間過ごし、滞在記を六カ月かけて執筆しているので、わずか二年たらずでこの大著を完成させたことになる。そのスピード、エネルギーがもたらすはぎれの良い躍動感が論理展開を軽快にし、時に荒削りな部分もあるが、読者を先へ先へと読み進ませる原動力となっている。

『或る戦後』（紀伊國屋書店、一九六五年）によると、この本を書く動機は、自分について語りたいという素朴な（あるいは大胆な、と言うべきかもしれない）願望にあった。その際、女であることに障害や劣等感をもったことがないというボーヴォワールにとって、女としての視点は問題外のはずだった。しかし、つねに彼女の最大の理解者だったジャン＝ポール・サルトル（一九〇五～一九八〇）は言った。それでもあなたは男の子と同じ育てられ方をしたのではないのだから、と。ボーヴォワールの女性についての研究はここから始まった。図書館に通い膨大な文献を読み、分類・整理し、分析する。サルトルの実存主義哲学をはじめとする当時の新しい学問であるレヴィ＝ストロースの構造人類学、グラネやデュメジルの比較神話学、フロイトの精神分析学、さらには生物学、史的唯物論、歴史学、文学などを幅広くおさえ、女性の問題に理論を与えたのだった。

『第二の性』の概略

全体は二巻に分かれ、第Ⅰ巻は「事実と神話」と題されたいわば理論篇、第Ⅱ巻は、体験篇となっている。理論篇では、女の宿命を決定づけるとされてきたものを、生物学的条件、精神分析、史的唯物論の観点から検証し、その宿命はかわりうることをまず示す。ついで歴史始まって以来世界は男のものだったという見解のもとに、女の歴史は男によってつくられ、女の神話とはこうした歴史を通して形成されたものにほかならないとして、その集団的なかたちを、宗教や伝説、とりわけ古来の風習のうちに探る。また、数人の男性作家をとりあげて、その作品に見られる女の神話の個別的なかたちについて論じていく。

体験篇では、女がつくられていく過程を幼年期から思春期へと辿り、ついで結婚して老年期に至るまでの女の状況を、トルストイの妻の日記やイサドラ・ダンカンの自伝、無名の女性たちの精神分析告白記録などを縦横に引用し、ボーヴォワールの視点から分析していく。またナルシシストの女、恋する女、神秘家の女を、自己を正当化しそこに安住する女たちであるとし、それとは対照的な自立した自由な女を最後の章でとりあげるが、作者のまなざしはここでも冷徹に現状を分析する。この一章は「解放に向けて」と題されているが、決して安易な結論は出していない。あえて方向づけをしなかったことが、今日に至ってもなおこの書が新しい大きな要因になっていると言えるだろう。

ジェンダーの形成──「〜である」のダイナミズム

ボーヴォワールが『第二の性』執筆にあたって読んだ厖大な文献が一様に示していること、それは「女は他者である」という明快なものだった。

しかし、この「〜である」（フランス語でêtre《エートル》、英語のbe動詞にあたる）という語をそのまま受け入れるのは欺瞞であるとボーヴォワールは言う。である、という現在の状態とは、そのようになった、ということで、この語には実は「動き」が含まれている。

これについてボーヴォワールは「カースト」という語を比喩的に使って黒人との類比で説明する。カーストとは、そこで生まれた以上決してそこから出ることのない集団を意味する。黒人に生まれた以上白人にならないのと同様、女に生まれた以上（一般的には）男にならないところから、両者の間にはカーストが形成されているというわけである。これはたとえば、労働者と資本家の関係に比べるとその性格がはっきりするという。労働者は資本家になることもできるし、その逆もありうるわけで、この場合二者間に横たわっているのはカーストではなく、階級《クラス》の違いである。こうしてボーヴォワールは、階級闘争と女性解放は根本的に性質の違うものであることを示唆した。支配カーストは、皮膚の色の違い、性の違い、といった変えようのない事実を口実に、自分たちに都合のいいように被支配カーストの状況をつくり出し、それが彼らの本性であるかのように言いくるめる。ところがそれは、なった、にすぎないのだ。この論点は『第二の性』全体の骨子とも言えるもので、まさに「ひとは女になる」のである。

けれどもこの、なった、についてはもう少し考えてみる必要がある。サルトルはêtre《エートル》をイタリック体で強調して、「存在する」という意味で用い、しかも本来の用法にはない他動詞扱いにしている。たとえば、「私はマロニエの樹の根を存在した」（『嘔吐』）というように。そうなると、「存在される」という受動態も可能になるわけで、実際に彼は『存在と無』のなかでこうした使い方をしている。[1] たとえば苦悩は存在する（自動詞）のではなく、厳密には（〜によって）存在されるにほかならない、というわけで、自動詞êtreには暗黙のうちに他動詞性が含まれていることになる。

ボーヴォワールは、であるとは、なったことだと言い、そのあとすぐ続けて、現にあるようにかたちづくられたということだと、その内容が受動的なものであるのを明らかにする。彼女はêtreを他動詞扱いにして強調することはないが、その意味内容には明らかに他動詞性を含ませている。たとえば彼女が、存在すると言うとき、それは主体によって存在された他者の状態をさしているのだと言える。

このようにボーヴォワールのêtreの強調のしかたはサルトルとは違うが、彼の存在論に深く根ざしていることがわかる。つねに受動性を帯びた「である」状態にとどまって、それが永遠に変わらぬ本質とされてしまうような存在。それこそがまさに、他者＝女の状態なのだという。

こうしたêtreに秘められた動きが貫かれているのが実は、第Ⅰ巻「事実と神話」なのである。第一部「宿命」では、これまで女の宿命とされてきたものについて検証される。第二部「歴史」では、権力をもつ男がつくり出した状況下で、女がそのような宿命を負って他者にされた、つまりは他者になった事実が述べられる。そして第三部「神話」において、なったがであるにすりかわるときに生まれるものこそが、他者の神話、女の神話にほかならないことが明らかにされるのだ。このように第Ⅰ巻全体を貫いているのは、êtreのダイナミズムだと言って過言ではない。

「〜である」の分析は「ジェンダー」の形成過程をよく説明していると言える。ジェンダーとは、社会的・文化的につくられた性的差異として今では定着しているが、『第二の性』がジェンダー論の原点である所以がおのずと明かにされたと言えるだろう。

二項対立からの展望

「女は他者である」、このフレーズの背後には実にダイナミックな動きがあることを見てきた。しかし、「〜である」と定義されると動かしようのない事実であるかのように固定されてしまうのが実情だ。では、そうした女の他者性をボーヴォワールはどのように示してみせただろうか。『第二の性』の理論的構成を把握することによってそれは明らかになるだろう。

この書を著すにあたって、著者はひとつのパースペクティヴをとった。それは実存主義のモラルの観点である。

サルトルの『存在と無』では、他者はつねに主体になりうるし、その逆の関係もつねにあるとし、主体と他者の関係が相克をはらんだ相互的なものであると捉えている。しかしボーヴォワールは、この相互性が男女の関係になるとたちまち作動しなくなってしまうことを明らかにする。歴史が始まって以来ずっと女は他者であり続け、主体への反転ができないままでいる。これは何故なのか。女とは本性的にそういうものなのか。女の「神話」はこれを肯定してきたとボーヴォワールは言う。しかし本性というものを信じない彼女はこれをはっきり否定する。それは、女が置かれてきた「状況」がそうしているのであると。

こうした女のありようを、ボーヴォワールは次のような実存主義用語を用いて定義する。すなわち、女とは、内在[2]、即自[3]、事実性[4]、非本来性[5]、非本質的なもの[6]であると。これらはそれぞれ、男が体現する超越[7]、対自[8]、自由[9]、本来性[10]、本質的なもの[11]というプラスの価値をもつ語に対応し、マイナスの価値を負うものである。もともとはサルトルが意識の存在論的構造として示し、それを人間の生き方そのもの、つまりモラルの問題に敷衍《ふえん》して用いたものだ。後者の一連の用語で示されるような意識のあり方こそが、主体的かつ倫理的な生き方に通じるという主張である。それをボーヴォワールは比喩的に男女関係の図式として捉える。主体である男性にプラスの価値をもつ用語をすべて当てはめ、その反対の概念を女性に当てはめることによって、女が負性を負う他者であることを哲学のレベルで示したのである。

この一連の用語は、『第二の性』全体にわたり文脈の必要に応じて布置され、（これまで他者とされてきたという意味での）女の他者性を浮き彫りにする効果をもっている。ここには、「男女という対は二つの半分が互いに離れがたく結ばれた基本単位《ユニテ》である」という一節からも伺えるとおり、男女は決して切り離しては考えられないという発想がある。その一対の男女を一人の人間の意識構造にたとえて、男／女が、主体／他者であることを明確に示したのである。

こうして、男は能動的行動をとる超越的存在である主体、女はとりわけ出産機能を内にもつゆえ内在的存在である他者とされてきたのだった。これが女のおかれてきた「状況」であり、ボーヴォワールが厖大な紙数を費やして分析したのはそのことだった。

しかしボーヴォワールはこうした女の他者性を宿命だとは考えない。状況は変わりゆくものだからである。現在は過去の帰結として受けとめざるをえないとしても、その現在で未来を規定するのは実存主義のモラルに反するとボーヴォワールは考える。「人間は（モノのように）ただ存在することを断念して自分の実存を引き受けたときに、本来的な倫理的態度に到達するのである」と。実存を引き受けるとは、現在に安住せず未来へ向けてつねに自己を投企していくことである。こうして「女もまた超越性を宿した実存者」である以上、いつまでも他者にとどまらず、主体となって、男性との間に相互関係を結べるはずだとボーヴォワールは女たちを励ます。

ところで、男女を一刀両断のもとに主体／他者に分け、図式的に捉えるやり方からは、こぼれ落ちるものがあった。こぼれ落ちたものは、たとえば「子どもを産むこと、それは世界への参加《アンガージュマン》を選ぶことである」、あるいは先にも引用した「女もまた内に超越性をもつ実存者である」といった記述によって掬われ、出産は決して内在とは考えられていないことが示される。アンガージュマンとは、実存主義の論理に従えば、超越的主体を確立していく人間の行為であり、男／女を、超越／内在と捉える構図がここでは破綻していることになる。また、超越的な生き方は「男の場合でもあまり見受けられない。女と同じように、中間の領域、非本質的な中くらいなものの領域に閉じ込められている男はたくさんいる」といった記述。ここでも分断線はあいまいであり、言ってみれば「テキストの綻《ほころ》び」がみられる。男と女は二項対立の図式で捉えきれるものではないと、ボーヴォワール自身よくわかっていた。

しかしそうではあっても、自己を主体とし、自己を超越していく状況は、「男の方が無限に有利であるのは明らか」だ。それを明確に示すには、極端なかたちでの男の超越性、女の内在性を際立たせる必要があった。その厖大な記述の陰に先に引用したような部分が埋もれて、たとえば、ボーヴォワールは子どもを産むことを否定したというような誤解が生まれた。それはこの書のイメージとしてはマイナスだったかもしれない。しかし、『第二の性』とはこの比重関係の上に成り立っているジェンダー論なのであり、荒削りとも見えようが、これは思想を力とする手段だった。ここを見極めないと、小事にこだわって名著を切り捨てることになり、同時にテキストの綻びが提示する問題の重要性を見逃してしまうことになる。

こうして、後の世代に残された課題は大きく、その膨大なテキストの破れ目には、ジェンダー研究に大きくつながっていく諸問題が萌芽していたのである。

最後に、『第二の性』の大きな枠組として、「女性」を相互性の効かない主体／他者関係の他者の項に置いたその意義は、実はボーヴォワールが思っていた以上に大きいものだった。というのも、他者の項に「女性」だけでなく、「子ども」、「高齢者」、「障害者」、「外国人」……などを当てはめることによって、つねに序列関係の下位にある他者の問題を含みこむことができるからだ。これは、相互性を謳ったサルトルの主体／他者関係よりも、問題の現代性を先取りしていたことを示すものだったと言えるだろう。

〈注〉

1 "Le Néant « *est été.* »", *L'être et le néant*, p.58.（「〈無〉は《存在される》」『存在と無Ⅰ』、一〇四頁。なお同書一〇五頁の訳註一参照。）

2 現在の自分に安住して、そこにとどまっていること。

3 超越性をもたず、モノとしてそれ自体ただあること。

4 人間はただ偶然に世界の中に投げ出されている存在である。その事実として存在しているあり方を言う。

5 人間が自らの状況に目をつぶり、他と同じような平均的、没個性的な状態にとどまっている様態。

6 他者であることに甘んじて、主体である「本質的なもの」に左右される人間の様態。

7 人間は根源的な投企（projet）によって絶えず自己を越えていく、その運動のことを言う。

8 つねに現在の自己を越えて、本来的な自己のあり方を求める存在。超越性をもった意識の様態をも言う。

9 超越的な意識のあり方そのものを自由と言い、「人間は自由であるべく呪われている」とはサルトルの基本的な考え方である。

10 人間が独自の可能性に目覚めた状態。

11 二項対立のうちの、「主たるもの・基準となるもの」を指す。サルトル実存主義のテーゼである「実存は本質に先立つ」（人間にあらかじめ定められた本質はなく、人間は自らつくるところのもの以外の何者でもない）の「本質」とは、意味が異なる。

〈参考文献〉

シモーヌ・ド・ボーヴォワール
Le Deuxième Sexe I・II, Gallimard, 1976.（『決定版 第二の性』、『第二の性』を原文で読み直す会訳、新潮文庫、二〇〇一年）
ジャン=ポール・サルトル
L'être et le néant, Gallimard, 1969.（『存在と無Ⅰ』、松浪信三郎訳、人文書院、一九五六年）
La nausée in *Œuvres romanesques*, Bibliothèque de la Pléiade, Gallimard, 2001.（『嘔吐』、白井浩司訳、人文書院、一九七〇年）

『第二の性』から七〇年後、日本から問う新たな女性思想

棚沢直子
TANASAWA Naoko

シモーヌ・ド・ボーヴォワールは、一九七〇年誕生のフランス女性解放運動MLFに、ごく初期から、かかわっていた。「私たちは危険な状態で中絶した」のくだりを含む、中絶自由化要求の草稿を一読、あっさり「署名しましょう」と彼女は言い、これが一九七一年の「三四三人のマニフェスト」となってMLFを一般に知らせる発端となった。そのほかに、アニエス・ヴァルダ、マルグリット・デュラス、カトリーヌ・ドヌーヴ、ブリジット・フォンテーヌなども署名している。フランスでは一九七五年にヴェイユ法が制定されるまで、妊娠中絶が法的に認められていなかった。

二〇一九年五月一五日、アメリカのアラバマ州で妊娠中絶禁止法が成立したときは、一九七一年当時のフランスの状況を繰り返すかのように、国連組織UN Women親善大使のエマ・ワトソンをはじめとして、多くの女性たちや人権団体がSNS等で抗議し、ロシアのフェミニスト団体プッシー・ライオットも、「I MADE AN ABORTION」という動画を投稿している。共和党二五人の男性議員によるこの禁止法は、性犯罪による妊娠中絶も認めないという厳しいものである。

私は一九九一年にパリの国際シンポジウム「第二の性50周年」で発表する機会があった。その発表はSyllepse

刊『Cinquantenaire du Deuxième sexe』（二〇〇二年）に所収された。[1] また、私の集大成『フランスと日本のあいだで―思想の軌跡―』（御茶の水書房、二〇一七年）に、「『第二の性』再発見――ボーヴォワール」というエッセイを収録した。

今年はシモーヌ・ド・ボーヴォワール『第二の性』刊行から七〇年、以上のふたつの論考を加筆訂正しながら、現代日本で妊娠中絶をどう捉えたかを再考し、日本からの思想の可能性を考えてみたい。

ボーヴォワールは、妊娠中絶にかかわるＭＬＦとの最初の接触を経て、一九七四年『ル・タン・モデルヌ』に女性特集号を組んだ。以後、この月刊誌には「日常の性差別」というシリーズがもうけられ、毎号いくつかの論文が掲載されていた。彼女の尽力によるところが大きい。

ボーヴォワールは運動に対して「熱烈な観客だ」――私はこの言い方が好きだ――と、自己定義したにもかかわらず、実践に関して「女性の権利同盟」の長をつとめ、理論に関して『フェミニズム問題』（月刊誌）の代表発行人となった。前者は強姦ＳＯＳ、なぐられ妻ＳＯＳの母体として被害者の救援活動を続け、後者はフランスＭＬＦ内で、高度な理論誌を誇り、ラジカル・フェミニズムの立場をとった。このラジカルの意味合いは、英米圏とはちがう。

私がＭＬＦの資料を集め始めたときには、ボーヴォワールはまだバリバリの現役だった。ある雑誌に、彼女の新著『女性問題』の出版まぢかと載ったことがあったので、『第二の性』以降、彼女の思想がどう変化したかと楽しみにしていた。が、結局、ある対談で「もう自分は書かない」と語っているのを読み、そうか、やっぱり、と寂しく思った。

『第二の性』は現代フランス女性思想の出発点だと私は思う。それは、この書物が、それまでの男女平等思想を完成させたからだ。女らしさという「自然性 nature féminine」はないとさまざまな実証的な研究をふまえて彼女が断言したことで、女たちは何のうしろめたさもなく男女平等のスタート・ラインに立つことができるようになった。

時代を画する書物というものは、それまでの思想を完成させるだけではない。完成のしかたに決定的な新しさがあり、その新しさが次代の思想方向を決定していく。『第二の性』は女らしさが「自然性」ではなく、男女の「関係」からつくられたことを立証した。以後のフランス女性思想で、「女」の分析は男女関係の分析になったといっても過言ではない。男女それぞれ別に見るのではなく関係で見る。

この画期的なボーヴォワールの新しさによって、続く時代にジェンダーという概念が生まれるのである。ボーヴォワールはジェンダー概念の元祖と言っていい。彼女によれば、「女」とは男という主体によってつくられた他者である。この「女すなわち他者」という公準を、のちのフランス女性思想家ジュリア・クリステヴァは「内なる他者性」という表現で、リュス・イリガライは男女を「一者」「他者」と対立させて、ボーヴォワールを受け継いでいる。

ところで、シモーヌ・ド・ボーヴォワールは『第二の性』の中で日本について何か言及しただろうか？　一言も言及していない。では非西欧についてはどうだろう。非西欧については、「歴史」のⅢの章の冒頭につけられた注で、彼女の考え方を明確に表している。

歴史の進化は西欧の例で検討することにする。というのも、オリエント、インド、中国における女の歴史は、長く変わることのない奴隷状態の歴史だったから。中世から現代までは、典型的な例としてフランスを中心に見ていく。[2]

ここにはふたつのちがう時間のあり方が述べられている。ひとつは非西欧の「長く変わることのない」時間であり、もうひとつは西欧の、とくにフランスの、「進化していく」時間である。このふたつの時間の対立は、ボーヴォワールの中で女と男の対立にぴったり一致している。女は「種の維持」のせいで、男のように順調に進化できないのである。

ボーヴォワールは、男女の序列化を論証するのに熱心だったが、西欧を普遍的な価値基準とすることの是非を問うことはしなかった。西欧の価値づけは彼女にとってあまりにも自明だった。日本女性史を検討しないどころか、興味さえ示さずに、非西欧の女たちの歴史は奴隷状態の歴史であると宣言してしまった。彼女は、典型例な歴史など、地球上の歴史にはありえないのではないかとは、一度たりとも自問しなかった。

これはボーヴォワールに限ったことではない。今日でも、西欧において理論がつくられ普遍化されるときの非西欧への無関心や無視は、いたるところに現れる。西欧だけ考慮すれば理論的に普遍化できるという「西欧理論の自己充足性」[3]の起源はどこにあるのか。

そのひとつは、フランスで一八世紀から普及し始めた進歩思想にあると私は思う。この流れに沿って、一九世紀には、人類は無限に進歩するという信念がフランスで生まれ、生物学の「進化論」や遺伝学の「優生学」がイギリスで誕生していく。ちなみに、戦前の日本の社会思想界で「一元的進化論」の語が流行した。この表現はフランス語にはない。当たり前すぎるからである。「一元的」とか「一者的」とかの表現は、戦前の日本のように西欧から「遅れた」とされることに敏感になったり、イリガライのように女が「他者」にされたと感じたときに、使用されることばである。

では、ボーヴォワールによって女として非西欧人として二重に「遅れた」とされるせいで、『第二の性』の「歴史」の章に登場できなかった日本の女たちは、どんな発言をしているのか。その発言がボーヴォワールによって「遅れ」の大きな原因とされた「種の維持」つまり「母性」に関わっているなら、知りたくなるではないか。この発言を分析すれば、「西欧理論の自己充足性」を超えた新しい普遍的な思想の一歩が踏み出せるかもしれない。

日本にも女性解放運動はあった。それは、フランスと同じくアメリカに影響されて『第二の性』出版から二〇年後の一九七〇年前後に開始された。その中でリブ新宿センターを他の女性たちとともに開設した田中美津は、母性について、とくに妊娠中絶について、何と言ったのか。

彼女は妊娠中絶の自己決定権を要求しながらも、フランスの運動家たちには考えもおよばないような困難な立場をあえてとり、次のように言う。

己れの主体をもって中絶を選択する時、あたしは殺人者としての己れを、己れ自身に意識させたい。現実に子は死ぬのだし、それをもって女を殺人者呼ばわりするなら、敢えて己を殺人者だと開き直らせる方向で、あたしは中絶を選択したい。

このようにまず主張したあとで、彼女はようやく社会に向かって発言することができた。

切りきざまれる胎児を凝視する中で、それを女にさせる社会に今こそ退路を断って迫りたい。[4]

忘れてならないのは、日本で中絶の自己決定権を要求する当時のスローガンは「選ぼう！」でなく、「産める社会を、産みたい社会を！」だったことである。

美津のことばの中でとりわけ目立つのは、母子関係への醒めた、妥協のない凝視であり、その母子関係は、平等どころか、極端な場合、母が意志的な殺人を権利として要求するような権力関係なのである。ただし、美津の述べる母の意志には、まだ曖昧な点がある。それは、この意志が社会によって強制されたかどうかという点である。しかし、この発言の一〇年後に、女性解放運動の第二世代のあるグループから発せられたスローガンでは、母の意志は明確になっている。「産む産まないは女が決める！」と。

もし美津の言う母子の権力関係を人間関係理論の出発点にするなら、一七八九年フランス人権宣言第一条の「人間は生まれながらに平等であり、自由である権利を有する」とは言えなくなるだろう。生まれる前から生まれた後まで幼児はほとんど全面的に世話する側に依存している。暴力は世話する女が産む産まないを決めるときにすでに始まっている。この権力関係は胎児をいつから完全な人間とみなすかの問題をはるかに越えている。母はこの問題を考える前に望むときには中絶を決意するからだ。この権力関係は正当防衛かどうかの問題も越えている。妊娠のせいで母の生命が危険にさらされないときでも、母は中絶の権利をわがものにしたいからだ。

日本では中絶は「身体的または経済的な理由により、妊娠の継続また分娩が困難になり、母体の健康を著しく害する恐れのある場合」という条件つきで、一九五三年以来、公的に妊娠二八週まで承認されている。これは「優生保護法」が公布されたからであって、女性運動の成果ではない。一九九〇年以来、中絶の承認は六週間短縮され、一九九六年には「優生保護法」は優生学的な個所が削除され、新たに「母体保護法」として再出発したが、中絶の条件は変わっていない。ただし、無条件の中絶は一九〇七年以来の刑法で相変わらず処罰の対象となっている。

フランスでは女の身体の自己決定権の要求は、何よりも男女の権力関係に支配された社会を告発するためにあった。日本でもそれは同じである。それならばなぜ美津は男女の権力関係を告発する前に母子の権力関係を暴くことができたのか。日本は今日でさえ公私の区別がはっきりしないが、そういう国に彼女が生きたからこそ、母子関係を即「社会的な権力関係」とみなすことができたからか。

あるいは日本の長い歴史の中で権威の保持者をしばしば女で表象してきたことに関係があるだろうか。太陽神アマテラスは、歴史の中で最高神とされることが多かったが、一八六八年以降の近代化の時代に、西欧的一神教の影響を受けて、これまで以上に唯一神的な神にされた。このアマテラスと天皇の関係が近代では母子関係に比せられたのである。

さらに美津が胎児であろうとなかろうと子どもを一気に完全な人間と捉えることができたのは、日本という人権概念の不確かな国に生きたからこそではないか。フランスでは少なくとも『第二の性』出版当時は、子どもの権利、ましてや胎児の権利などは人権から排除されていた。フランスで中絶が長い間禁止されていたのは、子どもの権利のためでなく、家族長たる男性の権威のためであり、男性の家系を維持するためであったのは周知のことだ。

いずれにせよ、母性についての美津の考察から明らかになったのは、女たちが「男女関係」と母子関係ひいては「世代関係」というふたつの相反する権力関係のただ中にいることなのである。二重に「遅れた」非西欧の女の位置から、母性を否定することなく、賛美することなく、ただ母子の権力関係を指摘できたのは、西欧人にとって皮肉にみえるかもしれない。この権力関係はボーヴォワールの思想ひいては西欧の「普遍的な」思想の中にある概念化の欠落部分であるように私には思われる。

母性のこの側面から出発すれば、世代関係の問題を「親子の系譜」としてでなく、権力関係として考察できるようになる。世代間にある権力関係の分析はすぐれて現代的な課題ではないだろうか。少なくとも先進諸国では寿命がとくに女にとって延びているだけに重要なことに思える。日本ではこの一〇〇年間で三〇年も寿命が延びてしまった。

寿命の延びは世代間の権力関係の中にある流動性を照射してくれる。親の権威は子どもが成人するとともに失われ、高齢になれば親は状況の逆転を目のあたりにする。現在、日本では男女とも平均寿命が八〇歳を超えているが、ここから考えれば、親子間の関係が平等であるのは、少なくとも身体的側面からみると、二〇年間つまり人生の四分の一でしかない。そうした長い世代関係の中で、どれほど親による児童殺しがあり、子どもによる老親殺しがあることか！

なぜボーヴォワールは、細部においてあれほど素晴らしい母性への考察があるのに、全体的には否定的な側面を暴いたのか。それを解く鍵のひとつは、子どもについての彼女の考え方にあると思われる。彼女は子どもが一個人であるとは決して考えなかった。とくに妊娠中の母子関係は彼女にとって「種と個の抗争」としかみえなかったのだ。子ども（胎児）は種の領域に属するものだった。ボーヴォワールは下等動物から高等動物へ進化していく段階が生命の個体化で見えてくると言う。

> 下等の段階では、生命は、種の維持のために用いられるが、高等の段階では個々の個体を通して使われていく。[5]

こうした進化の解釈からは、母性のくりかえしは種の維持のためとしか考えられない。母性は個体化への進化を「遅らせる」主要な要因とみえてしまうのである。『第二の性』出版の七〇年後、子どもについての考え方は西欧でも日本でも大きく変わった。二〇一九年は国連「こどもの権利条約」から三〇年、子どもの人権は現代の焦眉な問題でさえある。このような人権の問題から権力関係を考慮する「世代社会関係」の新たな概念化へと一歩進める必要がある。

西欧のひとたち（男も女も）が「思想の自己充足性」から脱け出し、同時に日本のひとたちもまた、今や西欧から「遅れて」いないことを口実に、西欧思想を検証もせずに輸入（模倣）しないために、「世代社会関係」の新しい概念化から出発しつつ、「具体的で対話的な複数の普遍性を考える」ときが来ているのではないか。[6] 普遍性は、一元的ではないし、ましてや、西欧の独占概念ではない。

女たちは、支配される者であると同時に支配する者でもありうるという、二重の相反した位置にいることが、現代の女性思想をさらに発展させるための、重要な指標となるだろう。

〈注〉

1 棚沢直子「世代社会関係は新しい概念か？」東洋大学紀要『言語と文化』第三号、二〇〇三年三月。フランスでの発表を加筆訂正し日本語に訳して収録した。

2 Simone de Beauvoir, *Le Deuxième Sexe*, I et II, Editions Gallimard, 1949, (renouvelé en 1976), I, p.133；シモーヌ・ド・ボーヴォワール著、『第二の性』を原文で読み直す会訳『決定版 第二の性』新潮文庫、全三巻、新潮社、I、五三二頁 以下、文脈に沿って訳は少々変えてある。

3 棚沢直子編『女たちのフランス思想』勁草書房、一九九八年「西欧理論の自己充足性」について、編者解説、二六七－二九五頁（とくに二八六頁）で論じた。

4 溝口明代・佐伯洋子・三木草子編『資料日本ウーマン・リブ史II、1972－1975年』ウィメンズブックストア松香堂、一九九四年、六三頁

5 原書、I, p.51；文庫版訳、I、六二頁

6 フランソワーズ・コラン著、伊吹弘子・加藤康子・棚沢直子訳「対話的な普遍に向けて」棚沢直子・中嶋公子編『フランスから見る日本ジェンダー史』新曜社、二〇〇七年、三一一八頁（一〇頁でコランは複数普遍主義を提唱している。）；棚沢直子「フランソワーズ・コラン讃」『日本とフランスのあいだで 思想の軌跡』御茶の水書房、二〇一七年、三九三－三九七頁（三九七頁に「西欧から始まった普遍主義は《単一の普遍主義》でしかない。それは、複数の対話に支えられた《複数の普遍主義》でなくてはならない」というコランのことばを引用した。）

哲学的問題を生きるということ

ボーヴォワールの小説作品の魅力

SANO Yasuyuki
佐野泰之

実存と本質、対自と即自、一者と他者、超越と内在、時間性……哲学の用語はとにかく難解で近寄りがたい。興味本位で哲学書を手に取ってはみたものの、その中に居並ぶ日常生活では決して使わない物々しい言葉の数々と、著者自身は何やら確信をもって繰り広げているらしい抽象的な議論を前にして、誰も知り合いのいない場違いなパーティーに参加してしまったかのような疎外感を覚えてそっと「退席」した経験のある読者も少なくないのではないだろうか。

しかし、哲学者たちは、哲学が扱う諸問題は「普遍的」で「根源的」なものだとしばしば語る。哲学とは、現実から遊離した、素人には決して理解できない隠語《ジャルゴン》を単に弄ぶだけの知的遊戯ではない。哲学の議論は、たとえそれがどれほど私たちの生活から縁遠いものに思えようとも、私たちの生活と本質的に結びついているのである。シモーヌ・ド・ボーヴォワールは、哲学と生活の間のこうした結びつきを反省し、自分自身の著述活動そのものに深く反映しようとした哲学者の一人だった。若い頃に書いた日記の中で、彼女は友人の哲学者と自分を対比して次のように述べている。

確かに、私は彼よりも複雑でニュアンスに富んだ感受性と、より激しい愛の力をもっている。彼が自分の頭脳で生きているこれらの問題を、私は自分の腕と脚で生きているのだ……。私はこれらすべてを失いたくない。[1]

哲学的問題は、単に「頭脳」によってだけではなく、「腕」と「脚」によってもまた生きられるべきものである――これが若き日のボーヴォワールが理想とした哲学者の態度であり、自分はそうする力をもっているというのが彼女の自己評価だった。では、哲学的問題を頭脳によって生きることと、自分の腕と脚によって生きることの間には具体的にはどういう違いがあるのだろうか。この疑問を解くための一つの手がかりは、「文学と形而上学」[2]という彼女ののちのエッセイの中にある。彼女はそこで、真理の「体系」を創造することで移ろいゆく時間の流れを脱して永遠の中に身を置こうとする哲学の企てと、時間の流れの只中で具体的な人物や事件を生き生きと描き出そうとする小説の企てを対比したうえで、哲学と小説の間に人がふつう据えつけようとする常識的区別を批判し、小説そのものが「形而上学」的意味をもちうると主張している。

ボーヴォワールによれば、哲学者や評論家が「自分の経験の知的再構成物」を読者に手渡そうとするのに対して、小説家は「一切の解明以前に現れてくるがままのこの経験そのもの」を読者の前に提示し、それを読者に追体験させる。[3]それゆえ、哲学者や評論家の文章がその中で表明されている意見に対して同意するかしないか判断することを読者に強いるのに対して、小説にはそのような押しつけがましさはない。読者は現実の事件を経験するのと同じように小説の中で描かれる想像的事件を経験し、それに感動したり憤慨したりする。小説は読者が自分の経験の領野そのものを拡張し、豊かにすることを可能にするのである。ボーヴォワールの考えでは、小説がそのような力をもっているのは、小説というものが「時間性」、すなわち、移ろいゆく有限な時間の流れの中で、過去に束縛されながらも未来へと跳躍することでその束縛を断ち切ろうとするという、人間の根本的な存在様式に適合した数少ない表現様式の一つだからである。出来事をそれが展開する時間の流れの只中で記述することによって、小説は人間一般ではなく、唯一無二の特殊な状況を生きる特定のこの人間の体験を読者の前でドラマのように上演し、読者に追体験させることができる。そして、そのようなドラマの中で、哲学的問題は、それが哲学者や評論家の文章の中で取っている姿とは全く異なる、生き生きとした具体的な姿を獲得するのだ。

このことをボーヴォワールの初期の二つの作品を例に説明しよう。たとえば、処女作『招かれた女』は「各々の意識は他の意識の死を求める」というヘーゲルの言葉から始まる。主人公は、ボーヴォワールとサルトルをモデルに考案されたと思われる、フランソワーズとピエールという男女のカップル。二人はお互いの経験や考えを言葉によって誠実に包み隠さず伝え合うことによって、まるで二人が一人の人間であるかのような完璧な相互理解を実現している。しかし、二人が作り上げた調和的関係はグザヴィエールという第三の女の出現によって少しずつ揺るがされていく。ピエールはグザヴィエールに惹かれ、フランソワーズは寛大な心で彼女を仲間として受け入れる。彼女たちはこれまでのカップルとしての生活を拡張して、お互いがお互いを完璧に理解し尊重し合うトリオの関係を作り上げようとする。ところが、グザヴィエールはピエールとフランソワーズが作り上げようとしている関係のうちに組み込まれることを良しとしない。フランソワーズは自分本位なグザヴィエールの振る舞いに辟易し、そんなグザヴィエールを不当に甘やかしているように見えるピエールの態度に不信を募らせる。

一見するとただのよくある三角関係である。しかし、ボーヴォワールがこの作品を通して描き出しているのは、単なる浮気な男と嫉妬する女のドロドロのメロドラマではない（そのようなドラマとして読んでも、ボーヴォワールの実体験を元にしているだけあってこの作品は十分に面白いのだが）。むしろ、グザヴィエールの登場によって顕わになるのは、「自己」と「他者」の間に横たわる根本的な、形而上学的とも言える不和である。物語の始めにフランソワーズとピエールが作り上げていた関係、自分の経験や考えを言葉によって全面的に相手と共有する完璧な相互理解の関係は、実際には危うい均衡の上に成り立つ人工的関係にすぎなかった。フランソワーズとピエールは他人であって、別々の思惑をもち、別々の事柄を欲望しうるという当たり前の事実が、物語の始めのフランソワーズには覆い隠されていた。グザヴィエールの存在は、単にフランソワーズとピエールの関係をかき乱し、フランソワーズを嫉妬させただけではなく、自己と他者の間に横たわるこのような不和についての洞察を彼女に獲得させたのである。物語の最後にフランソワーズはある行動をとるが、その行動が必然的なものであったように思えるのは、フランソワーズ、ピエール、グザヴィエールという三人の人間の間に生じた葛藤が、私は私であり、他人は他人であるという形而上学的事実のうちに刻み込まれた根本的な不和を反映しているからなのだ。このような事柄を踏まえることで、この作品全体が、ある意味で最初に述べたヘーゲルの哲学的テーゼを物語という形で読者の前で上演する試みであったことが明らかになる。

作中で、フランソワーズとピエールが次のような会話をする場面がある。


「〔…〕各々の人間が自分自身の意識を絶対的なものとして経験するのは真実さ。どうして絶対的なものが一緒にいくつも成立しうるのか。それは誕生と死と同じくらいの神秘だよ。哲学者たちにも歯が立たない問題の一つにちがいない」

「じゃあ何が驚きなの」

「君が形而上学的状況からそんなにも具体的な感動を受け取っているのが意外なのさ」

「でも具体的なことなのよ。私の人生の全意味がかかっているんですもの」

「なるほどね」ピエールは物珍しそうに彼女の顔を眺めた。「それにしても、心と体で観念を生きる君の能力は並外れたものだよ」

「でも、私にとって観念は理論ではないわ。観念は体験するものよ。もし観念が理論にとどまるなら、値打ちがないわ」フランソワーズは微笑した。「さもなければ、私の意識は世界の一つだけのものじゃないと気づくのに、グザヴィエールの登場を待つまでもないでしょう[4]」

一人一人の人間は、それぞれ別個の意識をもち、それぞれ自分の意識を唯一無二のものだと思っている。このごく当たり前とも言える事実を、フランソワーズは単に頭で理解するだけではなく、グザヴィエールとの敵対的な交流を通して実際に体験し、そのことによって戦慄している。フランソワーズにとって、ヘーゲルのあの抽象的なテーゼは、単に考えられるものではなく、人生の意味が賭けられた重大な問題として生きられるものなのである。このように、「心と体で観念を生きる」能力をもつフランソワーズは、哲学的問題を「頭脳」だけではなく「腕と脚」で生きるという若き日のボーヴォワールの理想を体現した存在と言える。そして、ボーヴォワール自身が、己の分身であるフランソワーズを創造する作業を通して、さらにまた、ボーヴォワールの作品を読む読者は、フランソワーズがその中で生き生きと姿を現す小説という時間的表現形式を通して、ヘーゲルのテーゼを単なる理論としてではなく具体的な問題として体験するのだ。

第二作『他人の血』もまた自己と他者の関係を主題としているが、そこで描かれる哲学的問題は『招かれた女』とはやや異なる趣きをもっている。舞台は第二次世界大戦最中のフランス。対独レジスタンスの指導者である主人公ジャンは、危険な任務の中で瀕死の重傷を負った恋人エレーヌを今まさに看取ろうとしている。この悲劇的な結末の場面を出発点に、過去と現在をフラッシュバックの手法で行き来しながら、ジャンとエレーヌの出会いと、エレーヌとの交流を通したジャンの心境の変化を描くというのがこの作品の基本的な筋である。かつて友人の弟を自分の行動の巻き添えにして死なせてしまった過去をもつジャンは、自分の行動が他人に意図せぬ死や不幸をもたらしてしまうことを極度に恐れ、共産党を脱退して穏健な組合運動に専念していた。だが、他人を傷つけたくないというジャンの慎ましい願いは次々と裏切られる。友人の許婚《いいなずけ》であったエレーヌに対して、ジャンは間違いが起こらないよう冷たく接するが、その態度は逆にエレーヌの恋心を燃え立たせ、ついには自分の身を滅ぼすような恐ろしい行動を彼女にとらせてしまう。さらに、祖国フランスを戦争に追いやることはできないという信念から、ナチスドイツに併合されていく国々のために立ち上がることを拒否したジャンは、自分の日和見的な態度が最終的にナチスドイツによるパリの占領という事態に寄与してしまった事実を目の当たりにする。望もうが望むまいが、人間は存在するだけで世界のうちに何かを生み出し続ける。他人との交流を拒否することは、交流を拒否するという仕方で他人と交流することであり、行動を拒否するということは、行動を拒否するという行動を実行することである。他人を傷つけまいとして他人を拒絶することで、戦争に加担しまいとして平和主義を貫くことで、ジャンは結果的に他人を傷つけ、戦争に加担してしまう。もちろん、ジャンはこれらの罪を犯そうと意図したわけではない。しかし、ジャンは並外れて誠実な人間であるがゆえに、自分が当初抱いていた善良な意図を言い訳に、自分が結果として手を染めてしまった罪を否認することができない。本作の冒頭には「各人はすべてのことについて万人に責任がある」というドストエフスキーの言葉が掲げられているが、この言葉を、ジャンはフランソワーズと同じように「心と体で」生きることになる。

> 何かを「する」ことはもう問題ではなかった。罪はどんな行為のうちにもない。僕にはわかってきた。罪は僕の存在の生地そのものだった。それは僕自身だった。多分、解決なんて存在しないのだろう。僕ははじめてそう考えた。[5]

このように、『招かれた女』と『他人の血』という作品は、ともに自己と他者の関係がもたらす、ほとんど「呪い」と呼びうるような苦悩を、フランソワーズとジャンという二人の人物を通して生き生きと描き出している。だが、『招かれた女』と違って、『他人の血』の結末には希望がある。戦争という極限状況の中で、人間としての尊厳を守り続けるためにジャンとともに戦うことを決意したエレーヌ。死の淵をさまよう彼女は、彼女をそのような状態に追いやってしまったという罪責感に苦しむジャンに向かって言う。「私はしたいことをしたのよ。あなたはただの石ころのようなものだったわ。道路を作るために必要な石ころ。さもなければどうやって道を選ぶことができるかしら」[6]。自分は一人の自由な人間であると宣言するエレーヌのこの言葉が、「すべてのことについて万人に責任がある」という呪いの状況を生きてきたジャンにとって救いの糸となる。「僕は君を信じる。信じなければならない。どんな害悪も僕から君にふりかからなかった。僕は君の足下の無実な石ころにすぎなかった。石ころのように、君の肺を突き破った鉄片のように無実だったのだ。彼は君を殺さなかった。君を殺したのは僕ではない、最愛の人よ」[7]。これほど感動的な「無責任」の表明が他にあるだろうか[8]。ここには、自由な人間が、己の自由の名において他人を承認することで他人を救済するという実存主義的道徳の基本的な着想を見て取ることができる。こうした着想そのものは、『他人の血』に先立って、『ピリュスとシネアス』のような哲学的エッセイの中ですでに提示されていた。しかし、『他人の血』においては、実存主義的道徳は単なる理論ではなく、ドラマとなっている。この点にこそ、ボーヴォワールの小説が読者にもたらす深い感動の秘密が隠されているように思われるのである。

『他人の血』以降のボーヴォワールの小説作品も、同じように哲学的問題のドラマ的上演の試みとみなしうるが、その主題は極めて多様である。『人はすべて死す』は、不死の霊薬を飲み不老不死となった男を主人公とするＳＦ的作品。永遠の時間を手に入れてしまったがゆえにいかなる人間的企てにも価値を見出せなくなり、虚無に囚われてしまった男の視点から、有限な時間の中で束の間の充実を追い求める人間たちの姿が描かれる。ゴンクール賞を受賞した大作『レ・マンダラン』は、第二次世界大戦で対独レジスタンスに挺身した知識人たちが、戦後の複雑な政治情勢の中でさまざまに変節していくさまを描いた一大群像劇であり、ボーヴォワールの代表作という呼び名も高い。その後、ボーヴォワールはしばらく小説を発表しなくなるが、一九六六年に『美しい映像』、一九六七年に『危機の女』といった作品を発表している。ボーヴォワールの著作と言えば、フェミニズムの古典としての地位を確立した『第二の性』や、『娘時代』をはじめとする自伝作品を思い浮かべる読者が多いだろう。しかし、これまで語ってきたように、彼女の小説作品は、ある意味で彼女の哲学者としての根本的な態度決定を深く反映している。このような観点から彼女の小説作品を読むことで、読者にとって新しいボーヴォワールの姿が浮かび上がってくるかもしれない。

〈注〉

1 M. A. Simons, "The Beginnings of Beauvoir's Existential Phenomenology," in Wendy O'brien and Lester Embree (Eds.), The Existential *Phenomenology of Simone de Beauvoir*, Kluwer Academic Publishers, p. 38. における引用。記事中の外国語文献からの引用はすべて拙訳だが、邦訳が存在する場合は適宜参照した。

2 S. de Beauvoir, «Littérature et métaphysique», dans *L'existentialisme et la sagesse des nations*, Gallimard, coll. «Arcades», 2008, pp.71-84.（大久保和郎訳、「実存主義と常識」、『ボーヴォワール著作集2 人生について』、人文書院、一九六八年、二一三－二九三頁）

3 *Ibid.*, p.72.（二六五頁）

4 S. de Beauvoir, *L'invitée*, Gallimard, coll. « Folio », 1943, p. 375f.（川口篤・笹森猛正訳、『招かれた女』、新潮文庫、下巻、一九五六年、一四一頁）

5 S. de Beauvoir, *Le sang des autres*, Gallimard, coll. « Folio », 1945, p. 145.（佐藤朔訳、『他人の血』、新潮文庫、一九五六年、一六三頁）

6 *Ibid.* p. 307.（三五一頁）

7 *Ibid.*, p. 308.（三五一－三五二頁）

8 ただし、救済される「自己」の地位に置かれているのがジャンという男性であり、救済する「他者」の地位に置かれているのがエレーヌという女性であるという事実は、『他人の血』が『第二の性』以前の作品であるがゆえに、慎重に吟味されるべきだろう。

「育ちの良い娘」はどうやって知識人になったのか

ボーヴォワール『娘時代』と女性解放

中村 彩
NAKAMURA Aya

『第二の性』において女性の解放を訴えたフェミニストとして知られるボーヴォワールだが、ひょっとしたら、今日の日本において、とりわけ若い読者のあいだでは、その回想録はあまり読まれていないかもしれない。しかしながら、ボーヴォワールがとにかく自分のことを一貫して語り続けた作家であること、それも回想録という形式を中心にそれを行ったことは、この作家を論じるにあたり強調しなければならない事実である。幼少期から二一歳までを描いた『娘時代』、一九二九年から一九四四年のパリ解放までを描いた『女ざかり』、第二次大戦後からアルジェリア戦争終結までを描いた『或る戦後』、そして時系列ではなくテーマ別に人生を振り返った『決算のとき』の四作に加え、母親の最期を描いた『おだやかな死』、伴侶であった哲学者サルトルの晩年を描いた『別れの儀式』がある。さらに『戦中日記』や『青春ノート』などの日記、『アメリカその日その日』や『長い歩み』などの旅行記、サルトルや愛人たちとの書簡をも含めるのであれば、広い意味での自伝的テクストの量は膨大であり、継続して書かれたという点からしても、これはボーヴォワール作品の、フェミニズム理論とは別のもうひとつの軸を成していると言うこともできる。

これらの作品はフランスで刊行当初から一般の読者に熱烈に文

持され、日本でもほぼ同時代的に訳されてきたものの、学術的にはあまり高く評価されてこなかった。しかし最近になって「正典化」が進んでいることを示すできごとがふたつあった。まず二〇一八年五月、ボーヴォワールの回想録がガリマール社のプレイヤード叢書から刊行された。これはフランス文学や外国文学の古典を刊行する叢書であり、専門家チームによる詳細な注や解説、関連資料が付されるため、本叢書への収録はとりわけフランス国内でその作品の地位が確立したことを意味する。次に、『娘時代』は二〇一八年度の文学のアグレガシオン（大学や高校で教えるための教授資格）の試験の課題図書に採用された。多くの受験生に読まれるだけでなく関連書籍の刊行やイベント開催も増えるため、課題図書入りは重要な意味をもつが、ボーヴォワールの著作がこれに採用されるのははじめてのことである。「自伝」と厳密には区別される「回想録」という形式自体がフランス文学研究において再注目されるようになってきたという動向もあり、[1]ボーヴォワールの回想録は近年になってようやくフランス文学の殿堂に入りつつあると言えるだろう。

この回想録はいずれもボーヴォワールが女性知識人と

してどう生きたかを描いており、特に『女ざかり』と『或る戦後』は第二次世界大戦とアルジェリア戦争というフランスが二〇世紀に経験したふたつの長い戦争のさなかで、大文字の歴史を彼女がどう生きたのかを克明に物語るものとして興味深いのだが、紙幅の都合上、本稿では「作者がどのように女性知識人の仲間入りを果たしたか」という最初の段階を描く第一巻『娘時代』に絞って紹介することとしたい。

一九五八年に刊行された『娘時代』でボーヴォワールは、自分の子供時代から一九二九年に哲学教授資格を得て家族から独立するまでを描いている。一九〇八年、パリでカトリックのブルジョワの家庭に長女として生まれたシモーヌは、妹のエレーヌとともに両親に愛され幸福な幼年時代をすごす。姉妹は小さい頃からカトリックのブルジョワジーの女子が通うデジール学院に通っていたが、頭がよく学業優秀だったシモーヌは教師になるため、当時ようやく女子にも開かれつつあった大学に進学し、文学や哲学を学ぶこととなる。そこでシモーヌは、哲学やそれまで読んだことのなかった同時代の文学と出会い、多くの友人たちと交流する。「インテリ」になっていく娘を理解しない両親との葛藤も経験するが、本書の末尾では哲学のアグレガシオンの試験に見事に合格し自立を勝ち取る。そしてサルトルとの出会い、想いを寄せていた従兄弟ジャックの結婚、親友ザザの死といった、同時期に起きたいくつかの決定的なエピソードをもって本作は締めくくられている。

『娘時代』の原題は *Mémoires d'une jeune fille rangée* だが、ここでrangéeは「まじめな、きちんとした」、つまり「育ちが良い」といった意味であり、この原題は直訳すれば『ある育ちの良い娘の回想録』となる。その「育ちの良い娘」だったボーヴォワール自身が、自分の家族とその家族が属するブルジョワジーという階級からどのように自由になったか、というのが本作の中心的なテーマである。そしてそれはとりもなおさず女性の解放という「人類学的革命」[2]へとつながっていく。

というのもこの作品で描かれているように、二〇世紀初頭のパリのカトリックのブルジョワジーというのは女性にとって大変息苦しい世界であった。この時代、フランス人女性は（一九世紀の大半で禁じられていた）離婚の権利を得ていたし、一九二四年以降は男子と同じようにバカロレアを取得して高等教育を受ける権利も得た。働く女性も増えた。一九二〇年代には、ココ・シャネルのような、髪の毛を短く切って男の子（ギャルソン）風の服装をした女性たちが「ギャルソンヌ」と呼ばれて大流行し、女性解放の象徴としてもてはやされた。しかしそれでも、「育ちの良い」ブルジョワ女性の正しい道は、外で働くのではなく親の勧める同じ階級のカトリック男性と結婚し、たくさん子供を作ることだとされていた。ボーヴォワール家でも当初娘たちに期待されていたのはこうした結婚だったが、第一次大戦後、家計状況の悪化により「良い」結婚のための持参金が十分に準備できなくなったため、両親にとっては不本意なことに、そしてシモーヌ自身にとっては幸運なことに、娘たちは職に就くことを認められたのである。

「育ちの良い娘」であることの息苦しさを具体的に示すものとして、本書では、読書と性教育をめぐる数々のエピソードが挙げられる。敬虔なカトリック教徒たるもの結婚前の女子に性教育をするべきではない、女性がどうやって妊娠するかも教えてはならない、と考えられていたため、「育ちの良い娘」たちは思春期を過ぎても読書を親に厳しく制限されていた。ボーヴォワールが読んでいた本も、母親が事前に「検閲」したうえで、場合によっては「卑猥なこと」が書いてある箇所を読まないようピンで留められた状態で渡されていたという（七二頁）。また聖体拝領の後で説教師に聞いた話について、ボーヴォワールは次のように語っている。

驚くほど聡明で、早熟なひとりの少女——しかし、無頓着な育て方をされた少女——が、ある日、彼に告白しに来た。その少女は悪い本をたくさん読んだので信仰を失い、人生がいやになってしまったのである。彼は少女に希望をもたせようとした。が、彼女はもう病に深く冒されていた。それからしばらくたって、彼は少女の自殺を知った。〔…〕私は何が何だかわからなくなってしまった。〔…〕私がいちばんよくわからなかったのは、知識が絶望へ導くということであった。〔…〕それに年齢だけが問題ではなかったのだ。〔結婚していない〕リリ叔母さまは「少女たちのため」の書物きり読めなかったし、ママンはある時〔未婚だったお手伝いの〕ルイーズの手から〔コレットの小説〕『学校のクローディーヌ』をもぎ取った。〔…〕結婚は、知恵の木の果実を危険なく呑み込ませる解毒剤だった。私にはどういうわけなのだか全然わからなかった。（七三－七四頁）

「知識が絶望へ導く」と宗教者に教えられ、大人になっても結婚しなければコレットの『クローディーヌ』シリーズも読ませてもらえない環境というのは、今日の読者からすると信じがたいかもしれないが、本作にはこうした逸話が次々と出てくる。とはいえボーヴォワールも思春期になると、両親の眼を盗んで父親の書斎にある禁じられた本を読むようになる。性愛の謎が解けるにはしばらくかかったようだが、一五歳頃には信仰を失い――これにより母親との関係に苦しむことにもなる――、自分も将来は作家になりたいと夢見るようになる。大学に入ってからは、隠れることもなく、ジッドなど、ブルジョワの大人たちが眉をひそめるような現代文学を手当たり次第に読んでいく。知識による解放である。

〈今日の日本でこうしたエピソードの数々が興味深いのは、それがまったく異なる時代の外国の文化・習俗を教えてくれるからというだけではないだろう。ボーヴォワールが「私の属していた階層では、娘が大学教育を受けることはばかげているとされ〔…〕父は機知に富んだ女性を愛したが、インテリ女性にはまったく趣味がなかった」（一六一頁）と書いていることからもわかるように、彼女は知識人であることと女性であることは両立しえないと考える社会にいるため苦しむこととなった。一方、高等教育において明らかに男女の教育格差があり、最高学府とされる東京大学の学部生の女子比率が二割に満たず、それが社会や慣習が女の子のやる気をくじいているためであることがほとんど明白であるようなこの国にあって、ボーヴォワールの経験はそれほど時代遅れとも言い切れないのではないか。〉

実はこうした少女時代の実体験の多くは、『第二の性』で女性一般の体験としてすでに書かれていたものである。たとえば少女が経験しうる性暴力について『第二の性』には「映画館で隣の席の男に触られたり、通りがかりの男にズボンのボタンをはずして見せられたりした女の子は、あれは気がおかしい人だったのだと思う」（Ⅱ巻（上）、七二頁）という一文があるが、この痴漢被害はいずれもボーヴォワール自身の実体験であることが『娘時代』の記述（一四七頁）から明らかである。あるいは幼い少女特有のものとして描かれるマゾヒズム的ファンタスムについて、『第二の性』ではジュヌヴィエーヴ・ド・ブラバン、グリゼリディスや白雪姫、眠り姫といった伝説上のマゾヒズム的傾向のあるヒロインが挙げられ、「女の子は最も完全な自己放棄に同意することで自分は絶対的力をもつのだということを学ぶ。〔…〕兄弟が英雄ごっこをして遊んでいるのに、女の子の方が進んで殉教者ごっこをするのは別に驚くことではない」（Ⅱ巻（上）、五五頁）と書かれているが、『娘時代』では「殉教者ごっこ」をしていたのはほかでもないシモーヌとその妹であることが明かされている（五〇頁）。他にも『娘時代』にはクリトリスの快楽に（それと知らずに）気づく場面や、初潮などの身体の変化に関して思春期の少女が感じる屈辱や居心地の悪さを描く場面があるが、これらはいずれも『第二の性』で女性一般の体験として取り上げられている。『第二の性』で客観的な視点から書いていたことをなぜ回想録として一人称で書くに至ったのか、という重要な問題について論じるには稿を改める必要があるだろうが、ヒントはこの回想録が書かれるまでの経緯に隠されているように思う。回想録の第三巻にあたる『或る戦後』によれば、実はボーヴォワールは一九四〇年代から自伝的な作品を書きたいと考えていた。しかしそのためには自分が「女性である」ということについて考えなおさなければならないことに思い至り、まず書いたのが四九年の『第二の性』だ、というのである。回想録に着手したのはその後一〇年近く経ってからである。したがって『第二の性』、特に第二巻「生きられた体験」で自分の体験を参照していたというのは驚くべきことではないかもしれない。

逆に『娘時代』でも『第二の性』と同様に、ボーヴォワール以外にも数多くの女性たちが描かれている。妹のエレーヌのほか、学友の少女たち、ステファやリザといった女子大学生たち、労働者の教養を育むための団体エキップ・ソシアルで働くシュザンヌ・ボワグ、聖マリー学院で哲学を教えるランベール先生……。シモーヌはこうした他の女性たちに憧れを抱いたり、彼女らと友達になったりする。作者はこうして数々の女性たちのひとりとして自分を描くことで、つまり「有名な女性知識人」ではない、ひとりの育ちの良い娘に過ぎなかった自分を描くことで、自らの例外的な成功体験を語りつつも、自分を「ふつう」でないスーパーウーマン、あるいは名誉男性、つまり男の仲間入りを果たし男性のように扱われる女性として演出することを避けていると言えよう。

というのもこの時代、「育ちの良い娘」のゴールとされている結婚を避け、自由を得ることのできたボーヴォワールのような女性は極めて稀だったからだ。彼女自身は家庭の事情も手伝って運よくそれを家族に認められ、勉強ができたので難関の哲学教授資格試験に弱冠二一歳で合格することができ、自立する手段を得ることができた。しかしボーヴォワールの周囲にはこの戦いに勝つことのできなかった数々の娘たちがいる。その最たる例が、『娘時代』の末尾で悲劇的な死を遂げる親友ザザである。

シモーヌと同じく裕福なカトリックのブルジョワ家庭に生まれ才気煥発だったこの少女は、シモーヌと同様に大学に進学するものの学業とそれに反対する家族のあいだで苦しみ、想いを寄せていた青年――プラデルという名で登場するが、現象学者として後年名を馳せることとなるメルロ＝ポンティである――と結婚することさえかなわないことに絶望し、一九二九年一一月、突然病に倒れあっという間に死んでしまう。『娘時代』を締めくくるのがこの親友の死であり、最後の一文は「私たちは、待ち伏せている泥まみれの運命に対してともに闘って来た、ザザの死の代償として私は自分の自由を勝ち得たのだ、と私は長い間そう信じていた」（三三九頁）である。もちろんザザはボーヴォワールのせいで死んだわけではないのだが、こうした言葉からは自分だけが「泥まみれの運命」から抜け出てきてしまったことに対して罪悪感を抱いていることがうかがえる。

しかし、この罪悪感の理由はおそらくもうひとつある。この時期ボーヴォワールは出会ったばかりのサルトルと情熱的な恋愛のさなかにあり、この無二の親友ザザをなおざりにしていたのだ。学生時代の日記『青春ノート』（未邦訳）を見ると、この数年前からボーヴォワールが、恋によって自分のやりたいことを諦めるような女、他者への献身の名のもとで恋人に依存し自己を犠牲にしながら自己実現――『第二の性』の言葉を使うなら超越として自分の自由を投企すること――を放棄するような女にはなりたくない、と考えていたことがわかる。だがこうした自戒にもかかわらずサルトルに出会ってからのボーヴォワールは、まさしく自分がなりたくないと書いていた「恋する女」をそのまま体現してしまっており、しかもそれゆえに自己嫌悪に陥っていることが日記の記述からはわかるのだ。そんな状態に陥っているさなかに親友が死んでしまったので、その死が自分の自由の代償であるかのように思えたのかもしれない。『第二の性』Ⅱ巻第三部（一二章「恋する女」）でも女性が恋に落ちて自分を見失うことの危険性について書かれているが、これはある意味では若い頃からの彼女自身の悩みでもあったのである。とはいえこのことが彼女の数々の恋愛――ネルソン・オルグレンやクロード・ランズマンといった男性のみならず、女性たちとの恋愛も――を妨げるということはないのだが、これもまた、稿を改めて再考すべき問題であろう。

ザザやその他多くの「育ちの良い娘」たちと同じ運命をたどらないための知性と強さと運を持ち合わせ、女性の解放を体現する模範的なフェミニストであるボーヴォワールは同時に、自らが真っ向から批判している「恋する女」でもあるという矛盾を抱えている。しかしこれは必ずしも批判すべきものではないと思う。逆にこうした矛盾こそが単純に「フェミニズム理論」には還元し切れない、ボーヴォワールという「作家」の面白さではないかと、一読者としては思うのである。

〈注〉

1　Cf. Jean-Louis Jeannelle, *Écrire ses Mémoires au XXe siècle : déclin et renouveau*, Gallimard, 2008.

2　これについてはジュリア・クリステヴァ『ボーヴォワール』（栗脇永翔・中村彩訳、法政大学出版局、二〇一八年）で展開されている。

〈参考文献〉

シモーヌ・ド・ボーヴォワール『娘時代』、朝吹登水子訳、紀伊國屋書店、一九六一年
シモーヌ・ド・ボーヴォワール『第二の性』、『第二の性』を原文で読み直す会訳、新潮社、二〇〇一年

「なる」ものとしてのジェンダー

FUJITAKA Kazuki
藤高和輝

「人は女に生まれるのではない、女になるのだ」――それはいまから七〇年も前に、ボーヴォワールが『第二の性』（一九四九）で言い放った言葉である。その言葉はいまなお、私たちを鼓舞し勇気づける言葉としてである。七〇年前に発せられたこの言葉は古びるどころか、私たちをエンパワメントしつづける生き生きとした言葉としていまも息づいているのだ。

事実、一九六〇年代にアメリカではじまる第二波フェミニズムにおいても『第二の性』は広く読まれ、「人は女に生まれるのではない、女になるのだ」という彼女の言葉は当時の女性たちをエンパワメントする言葉だった。第二波フェミニズムは「生物学的決定論」あるいは「生物学的宿命論」に抗する思想運動だったと言える。第二波フェミニズムの波及とともに広まった「ジェンダー（社会的性）」という概念がまさに示したのは、女性に対する差別や暴力、不平等が社会的に作られたものだということだった。それは、「女だから家事や育児をするのは自然だ」といった宿命論や「女の問題」を「個人的なもの」に矮小化する言説を批判し、むしろ「個人的なものは政治的である（The personal is political）」と捉え返す視座を与えるものだった。ボーヴォワールが『第二の性』で看破したのも、男性が「主体」とされる社会のなかで女性が「他者」として作られ周縁化されるメカニズムだった。ボーヴォワールにとって、女性が「他者」とみなされるのは男性中心主義的な政治的、社会的、経済的、歴史的メカニズムによるものであって、女が本質的に「他者」であるからではない。この意味で、「人は女に生まれるのではない、女になるのだ」と主張したボーヴォワールは、ジェンダー概念が誕生する以前からすでに、ジェンダーの社会構築性を指摘していたのであり、だからこそ、彼女の思想はその後のフェミニズム運動と深く共鳴していったのである。

いまなお、私たちは女性を「他者」とみなし周縁化する性差別的な社会を生きている。「保育園落ちた。日本死ね」というある女性の言葉とそれにつづく運動は女性が働く上での社会的環境や制度がいまだ不十分な現実を浮き彫りにしたし、#MeToo運動は社会に広範に存在している性暴力の問題を告発した。東京医科大学が女性受験生の点数を不当に減点していた事件も記憶に新しい。例を挙げればきりがないが、これらの背景には女を「他者」とみなす性差別の構造がある。ボーヴォワールの『第二の性』がいまなお読み継がれ、そして、読み継がれるべきであるのは、私たちが現在もなお性差別的な社会を生きているためであり、ある意味ではそれは残念な事実であるだろう。だが、だからこそ、ボーヴォワールという性差別的な社会のなかを生きた一人の女性の哲学者が絞り出した言葉はいまもなお私たちの胸を打ち、深い共感をもたらし、励ますのである。

差別や不平等といった現実は往々にして、社会の「規範」として、つまり「常識」とか「普通」として流通しているものである。「常識」や「世間」は私たちに我慢を強い、ちょっとした疑問や違和感さえをも封じ込めようとするものだ。だから、私たちは「常識」とは異なったなにか別の言葉を必要としている。大多数の人たちが「常識」とか「当たり前」としている現実に抗するとき、私たちはその現実に対して批判的でオルタナティヴな視座を与えてくれる言葉を必要とするのである。その言葉は、「ああ、そういうことだったのか」という気づきや「私は間違っていなかった」という自信を与え、そして、私たちが目指すべき未来の姿を指し示す。言葉はときに、人がこの社会を生き抜く可能性を広げる力をもつのだ。ボーヴォワールの『第二の性』もまた、まさにそのような言葉を私たちにいまなお与えてやまない源泉なのである。

「人は女に生まれるのではない、女になるのだ」という言葉を私がはじめて知ったのは、私がフェミニズムを学びはじめた頃のことであり、彼女の著作を実際に読む前だった。それでも、彼女の言葉は私の胸を強く打った。私は幼い頃から、周囲から求められる「男らしさ」が嫌で嫌で仕方なかった。仕事から帰った父親が家事を一切せず、母親が一人で切り盛りしている姿は私にはとても奇異に映ったものだった。「どうして、男らしくなくちゃいけないの？」「どうして、女の人だけが家事をしなくちゃいけないの？」――私はそんな疑問や違和感を幼い頃からずっともちつづけた。人は言う、「男の子なんだから」とか「お父さんは家族のために外で働いているんだよ」と。そのいずれもが私には腑に落ちなかった。幸運なことに、私はフェミニズムと出会った。それは私が抱えていた謎にはじめて応えてくれ、「あなたは男らしくある必要はないのだ」というメッセージを与えてくれた。私は「これだ」と思った、「これこそ、私が求めていた言葉だ」と。ボーヴォワールの言葉も私にとってそのような言葉のひとつであり、その後、私は彼女の『第二の性』を夢中になって読んだのだった。そこで以下で私は、ボーヴォワール思想を解説するというよりは、彼女の「人は女に生まれるのではない、女になるのだ」という言葉を私自身がどのようなメッセージとして受け取ったかを語っていくことにしたい。

「人は女に生まれるのではない、女になるのだ」と語ったボーヴォワールにとって、ジェンダーとは生物学的に決定されるものではない。彼女にとって、ジェンダーとは「なる」ものである。その思想はいまなお、私たちにラディカルな視座を与えている。「女である」とか「男である」といったことが「なる」ことの問題であるとすれば、私たちは生まれたときに医師に割り当てられた性別に必ずしも拘泥する必要はない。このことはもちろん、私たちが自由気ままに性別を決めることができるということを意味しない。むしろ、より適切に言えば、私たちは社会によって強制的に女にならされるのであり、あるいは、男にならされるのである。しかし、ジェンダーが「なる」ことの問題であるならば、それはまた、私たちはなにか別のジェンダーに「なる」こと、それを生きることも可能なのだということを示唆している。

事実、トランスジェンダーをはじめとして、多様なジェンダーのあり方が現に生きられている。

ボーヴォワールの思想は、おそらくは彼女自身が想定していた以上の広がりと可能性を秘めたものとして現在読み直すことができるものである。例えば、現代を代表するフェミニストの哲学者であるジュディス・バトラーは次のように述べている。「ある意味で、〔トランスジェンダーの：引用者注〕ケイト・ボーンスタインはシモーヌ・ド・ボーヴォワールの遺産を引き継いでいる。もし人が女に生まれるのではなく、女になるのなら、そのとき「なること《ビカミング》」はジェンダーそのものの媒体である」[1]。トランスジェンダーは男から女に、あるいは女から男に、あるいは男でも女でもないジェンダーに「なる」のであり、したがって、ジェンダーを「なる」ことの問題として捉えたボーヴォワールの思想は、トランスジェンダーをはじめとして現在様々に生きられているジェンダーを考える上でも有用な視点を提示しているのである。

もちろん、ボーヴォワールは『第二の性』でトランスジェンダーについて直接的には考察してはいない。それでも、彼女はジェンダーの多様さや曖昧さを肯定する思想的地盤を私たちに与えているように思われる。彼女は『第二の性』で次のように述べている。

実際、男も、女と同じように、ひとつの肉体であり、したがって受け身の存在であり、ホルモンや種のおもちゃであり、自分の欲望に捕らわれた不気味な獲物である。女もまた、男と同じように、肉体の熱気のさなかにあっても、合意、意志の力、行為である。男女は、それぞれのやり方で、身体としての存在という不思議なあいまいさを生きている。自分たちが敵対していると信じるこうした闘争のなかで、それぞれが闘っているのは、実は、自分自身に対してであり、相手のなかに投影した自分自身の一部に対してなのである。自分の条件であるあいまいさを生きようとしないで、それぞれが自分のおぞましさを相手に我慢させようとし、自分の名誉は自分のためにとっておく。しかし、もし両者とも、ほんものの誇りにそなわっているあの明晰な慎み深さで、自分の条件のあいまいさを引き受けるなら、彼らはお互いを同類だと認め合い、友情をもって性愛のドラマを生きられるだろうに。[2]

この言葉から分かるのは、彼女がジェンダーを「曖昧なもの」として捉えていることである。たしかに、彼女がジェンダーの「神話」と呼ぶものによって、男と女は二つに分けられ、女は「他者」として従属化される。私たちはそのようなジェンダー規範を生きており、そこでは、「合意、意志の力、行為」は「男らしさ」として、それに対して身体的であることや「受け身」であることは「女らしさ」として特徴づけられ、そのようなものとして強制される。それでも、彼女がここで指摘しているのは、「男も、女と同じように、ひとつの肉体であり、したがって受け身の存在であり、ホルモンや種のおもちゃであり、自分の欲望に捕らわれた不気味な獲物である」ということであり、「女もまた、男と同じように、肉体の熱気のさなかにあっても、合意、意志の力、行為である」ということである。もし私たちがジェンダー規範を括弧に入れるならば、私たちは「自分の条件であるあいまいさを生き」ているのであり、この意味で、私たちは程度の差はあれジェンダーが曖昧な存在である、ということができるのではないだろうか。彼女がジェンダーの「神話」と呼んだジェンダー規範は、このようなジェンダーの「曖昧さ」を抑圧するのである。

そのとき、私たちはボーヴォワールの思想を、多様かつ曖昧に生きられるジェンダーを肯定する思想として読み直すことができるだろう。ジェンダーが「なる」ことの問題であるとすれば、それはジェンダーが社会的に作られ、社会的に強制される現実を描いているだけでなく、ジェンダーが別の仕方で生きられる可能性を肯定する思想でもあるのだ。バトラーは『ジェンダー・トラブル』

（一九九〇）で「セックス（生物学的性）はつねにすでにジェンダーである」と述べた。それは、セックスさえも「自然な事実」として存在するのではなく、むしろ社会的関係のなかで形成されるものであることを示すものだった。ある意味で、ジェンダーを「なる」ことの問題として捉えたボーヴォワールの思想はこのようなバトラーの思想を準備するものであり、その思想の萌芽はボーヴォワール自身の思想のなかにすでに孕まれていたのである。ボーヴォワールの思想にはすでに、ジェンダーをセックスから切り離すラディカルな視座が潜在的に認められるのだ。

ジェンダーがセックスによって宿命論的に決定されるわけではないということは、ジェンダーが多様かつ曖昧に生きられることを意味する。事実、ボーヴォワールが『第二の性』の第二部「体験」で描いているのは、その当時の女性たちが生きたヴァリエーション豊かな様々な「女性的実存」のありようだった。その記述にはもちろん時代的な制約があるものの、その記述は、私たちのジェンダーがセックスによって一義的に決められているわけではなく、多様な仕方で身体的に生きられることを示唆している。そのとき、ボーヴォワールの思想は「二つ以上の仕方で生きられるジェンダー」を肯定するものとして現在読み直されうるものであるのではないだろうか。

男にも女にも同一化しないトランスジェンダーである「Xジェンダー」は、「中性」であれ「両性」であれ「無性」であれ、いずれにせよ「曖昧なジェンダー」を生きている。また、一口にトランスジェンダーといっても、性別適合手術を望まないトランスジェンダーも多数存在する。そのような「曖昧なジェンダー」は現代社会のなかで排除の対象として忌避されているのが現状である。例えば、物議を醸した杉田水脈の論考「「LGBT」支援の度が過ぎる」で、杉田は「性同一性障害者」に関して医療などの点で税金の対象となるとしながらも、「では、トイレはどうなるのでしょうか。自分が認識した性に合ったトイレを使用することがいいことになるのでしょうか」と問いかけ、「Tに適用されたら、LやGにも適用される可能性だってあります。自分の好きな性別のトイレに誰もが入れるようになったら、世の中は大混乱です」[3]と述べている。また、元参議院議員の松浦大悟は、二〇一九年一月五日放送のAbemaTV『みのもんたのよるバズ！』で、野党が提出していたLGBT差別解消法案を批判するために、その法案を認めてしまうと「男性器のついたMTFトランスジェンダー[4]を女湯に入れないと差別になってしまう」と語った。この動画はツイッター上でも拡散され、トランスジェンダーへの「恐怖」を煽るものになった。ツイッター上では、二〇一八年七月二日に国立大学法人お茶の水女子大学がトランスジェンダー女性の受け入れを発表した頃から一部のフェミニストによるトランス排除的言説がすでに吹き荒れており、「トランスジェンダーを受け入れれば、男性器のついた人間が女性用スペースを使えるようになり、性暴力が増えるのではないか」という「恐怖」や「不安」が語られた。これらの人々はそれぞれ立場も思想も異なるが、共通の懸念を表明している。それは、トランスジェンダー――杉田にとっては「性同一性障害者」として国家に認められていないトランスジェンダー、松浦やツイッター上の一部のフェミニストにとっては「未オペのMTFトランスジェンダー」――の存在を認めれば、誰もが性別の境界を行き来することができてしまうことになり、そんなことになれば「社会的混乱」や「性暴力」が引き起こされることになるのではないか、という懸念である。

　これらの言説において、「曖昧なジェンダー」は性別の境界を脅かす「危険」や「脅威」として想像され、その存在は「混乱」や「暴力」を招くものとして表象されている。これらの人たちにとって、「「性同一性障害者」として国家に認められていないトランスジェンダー」や「未オペのMTFトランスジェンダー」といった「曖昧なジェンダーを生きている者たち」は「危険な人たち」であり、規制の対象とされるべき人たちとみなされている。曖昧なジェンダーを生きる人たちはなにもしないうちから「犯罪者予備軍」としてしるしづけられているのだ。そこには明白に、トランス嫌悪《フォビア》の構造が認められる。

しかしながら、ボーヴォワールが述べたように、ジェンダーが「なる」ことの問題であり、ジェンダーが多様かつ曖昧に生きられるものであるのならば、彼女の思想は、このような「曖昧なジェンダー」を生きる者たちの生をも肯定しつづける思想として読まれることができるだろう。彼女はこう述べていた、「もし両者とも、ほんものの誇りにそなわっているあの明晰な慎み深さで、自分の条件の曖昧性を引き受けるなら、彼らはお互いを同類だと認め合い、友情をもって性愛のドラマを生きられるだろうに」と。私たちは彼女のこの言葉を次のように敷衍することができるのではないか——すなわち、「曖昧なジェンダー」を承認することは、ジェンダーの二元論の束縛を緩め、多様に生きられるジェンダーが平等に尊重される社会を手繰り寄せることである、と。ボーヴォワールの『第二の性』は多様かつ曖昧に生きられるジェンダーを肯定する思想として、現在、私たちに贈られているのだ。そして、多様かつ曖昧に生きられるジェンダーを肯定すること、その生存可能性を押し広げることは、トランスジェンダーにとってだけではなく、ジェンダーの生きづらさを経験しているすべての人にとっても、そのジェンダーがより平等に尊重される社会を実現することと結びついていることを、彼女の言葉は示唆している。この意味で、彼女の思想はトランスジェンダーとフェミニズムの連帯を指し示す思想としても、私たちに贈られているのである。

〈注〉

1 Judith Butler, *Undoing Gender*, Routledge, 2004, p. 65. 訳は筆者による。

2 『〔決定版〕第二の性 Ⅱ 体験〔上〕〔下〕』（新潮文庫、二〇〇一年、『第二の性』を原文で読み直す会訳）

3 杉田水脈「「LGBT」支援の度が過ぎる」『新潮45』新潮社、二〇一八年八月号、六〇頁。

4 MTFトランスジェンダーとは、男性から女性に（male to female）性別移行した人のことである。

ボーヴォワール・ストーリー

しあわせな少女時代

1908年1月9日▼パリに生まれる。父は弁護士、母は裕福な銀行家の娘。

1910年、妹エレーヌが生まれる。

1913年〈5歳〉▼カトリック系の私立の女学校「デジール学院」に入学。ブルジョワ階級の良家の子女たちの中にあって、ボーヴォワールはよく学び、よく祈る、信仰心の厚い生徒だった。

1914年、第一次世界大戦が勃発。

1917年10月▼ザザことエリザベート・ラコワンがデジール学院に転入。二人の少女は瞬く間に意気投合する。ザザとの友情はボーヴォワールにとって生涯忘れえぬものとなる。

この頃ちょうど母方の実家が破産。父親も弁護士を辞め、新しい事業に乗り出すも失敗。家計はどんどん厳しくなってゆく。一家はそれまで暮らしていたアパルトマンを出て、暗くて手狭な物件に引っ越すことになる。

苦難に満ちた青春期

上流階級の女たちは「持参金」を持って結婚するのが常であったこの時代にあって、そのお金のない娘たちにとっては学問だけが唯一救いの道だった。

父親は言った。「お前たちは結婚などせずに仕事に就くのだ。」「お前には男並み（！）の頭脳が備わっているのだから。」

ボーヴォワールはなりふり構わず勉強にのめり込んだ。

1918年、フランス-ドイツ休戦協定。

1922年〈14歳の頃〉▼敬虔なカトリック教徒だったボーヴォワールだが、様々な読書の影響もあってこの頃から教会の教えに疑問を抱き始める。15歳の頃には完全に信仰を捨て、作家になることを心に決め込んでいた。

花ひらく知性

1925年▼バカロレア試験に合格。パリ・カトリック学院で数学を、ヌイイの聖マリー学院で文学を修め、次いでソルボンヌにて哲学を学ぶ。慕っていた教師や密かに恋心を寄せていた従兄弟の影響で同時代の作家たちの作品に出会う。モンテルラン、バレス、コクトー、ジッド、クローデル、ヴァレリーなどをむさぼるように読んだ。数学、文学、ラテン語、哲学、倫理、心理学を専門的に学び、着実に学位と資格を取得してゆく。大学は同年代の知識人らと出会い親交を深める場でもあった。その中の一人、ジャン＝ポール・サルトルと急速に惹かれ合ってゆく。

1929年▼哲学の大学教授資格試験に合格。前年に不合格だったサルトルがその年は首席、ボーヴォワールは次席だった。同じ年、親友のザザがウイルス性脳炎で死去。ボーヴォワールの心に癒えることのない哀しみを残す。

サルトルとの関係と教員生活

1929年▼パリのリセでの教員生活がスタート。経済的自立を果たし、実家を出て下宿を始めたボーヴォワールは、同じ頃サルトルと二年間の契約が更新できる「結婚」をする。それは従来の法制度の元に結ばれる婚姻関係とは異なり、あくまで双方の合意にのみ基づいた「結婚」だった。しかし1931年、ボーヴォワールが南仏マ

テキスト：新行内美和

ルセイユ、サルトルが北仏ル・アーヴルのリセに着任することが決まると、二人が同じ学区で教職に就けるよう、サルトルはいわゆる法的な結婚を提案する。ボーヴォワールは、家族的、社会的制約によって自由を奪われることを恐れ、即座にこれを拒否。

1933年1月30日、ドイツでヒトラーが首相に就任。

やがて揃ってパリに着任したボーヴォワールとサルトルは、互いを「必然の愛」で結ばれた相手とする一方、彼らを信奉する教え子らとも恋愛を重ねていった。長年「自由な関係」ともてはやされてきた彼らの愛はしかし、ボーヴォワールにとって（そして他の当事者らにとっても）苦悩と葛藤を持って生きねばならぬものだった。

ボーヴォワールとサルトル（1920年代、パリ）

1936年▼自身の「三角関係」の経験をもとに他者との関係を考察した小説『**招かれた女**』の執筆を開始。この作品は1943年にガリマール社より刊行され、ボーヴォワールは作家としてデビューを果たす。

作家・知識人として：私生活とアンガージュマン

1939年9月3日、フランス、イギリスがドイツに宣戦布告、第二次世界大戦へと突入。

サルトルも出兵、捕虜となる。不安な日々を過ごすボーヴォワール。1941年にサルトルが帰還。共に「社会主義と自由」というグループの結成に参加し、にわかにレジスタンス活動を行うものの、悪化するばかりの占領下の状況に無力感が募る。旧友の作家ポール・ニザンはレジスタンス活動中に殺害され、他の友人たちも不当に逮捕されたり、ユダヤ人ということで連行されていた。グループ「社会主義と自由」はほどなくして解散。

1943年▼教え子との関係をめぐって保護者に訴えられていたボーヴォワールは、懲戒免職処分を受けリセを追われる（終戦後に再び呼び戻されるがボーヴォワールはこれを辞退、その後生涯教壇に立つことはなかった）。一方、同年に出版された『**招かれた女**』が成功。アルベール・カミュ、レイモン・クノー、ミシェル・レリスらと知り合い、交流を広げてゆく。

1944年8月、パリ解放。翌1945年5月、ドイツが降参。フランスは終戦を迎える。

同年、小説『**他人の血**』を出版。サルトルらと共に創刊した雑誌「レ・タン・モデルヌ」もこの年に第一号を刊行。ペンを自分の糧とする覚悟を決め、創作と執筆に専念する日々を送る一方、公私の旅にも頻繁に出かけ、知見を広げた（日本にも1966年にサルトルとともに滞在。1カ月近くにわたって全国各地で講演を行った）。

中華人民共和国開国大典6周年に出席したボーヴォワール（1955年、北京）

1947年2月▼シカゴでアメリカ人作家ネルソン・オルグレンと出会う。情熱的な恋愛の始まり。旅と文通を通して深まっていった二人の関係だったが、1964年にボーヴォワールからオルグレンに送られた手紙を最後に終止符が打たれる。

1949年〈41歳〉▼『**第二の性**』が出版される。6月に第一巻、11月に第二巻が刊行、12月にはすでにその年のベストセラーの書に選ばれる。同じ年、新たな小説の執筆を開始。

1952年▼ボーヴォワールは「レ・タン・モデルヌ」を通じて出会ったクロード・ランズマンを新たな恋人として迎え入れていた。二人の同棲生活は1959年まで続く。この頃より「回想録」の執筆に取りかかる。

1954年▼政治と思想をめぐる群像劇『**レ・マンダラン**』出版。オルグレンに捧げられたこの作品は、フランスで最も権威ある文学賞、ゴンクール賞を受賞する。オルグレンとの恋愛はボーヴォワールに穏やかな幸福をもたらした一方、苦しいジレンマを与えた。オルグレンはボーヴォワールに結婚を申し出るが、サルトルや他の愛人たちとの関係を断ち切ることことができない彼女はこれを拒否。

1958年▼回想録『**娘時代**』刊行。続いて1960年、回想録『**女ざかり**』刊行。同年9月、ディオニス・マスコロ、モーリス・ブランショらを発起人とする「121人のマニフェスト」に署名、アルジェリア戦争に反対を表明。

フェミニストとして

1959年▼アルジェリア戦争の最中、アルジェでテロ未遂事件が発生する。フランス警察はアルジェリア民族解放戦線（FLN）のメンバーだった女性、ジャミラ・ブーパシャを逮捕。無実を主張する彼女に対し、性暴力を含む凄惨な拷問を行なっていた。ボーヴォワールは友人でFLNの弁護を担当していたジゼル・アリミを通してこの事実を知り、すぐさま抗議運動に参加する。翌年6月、「ジャミラ・ブーパシャのための委員会」の代表として支援を求める請願書を起草。

1962年、アルジェリア戦争終結。

1968年▼**5月革命**。既存の体制に全力で「ノン」を突きつけた若者たちの運動は、やがて国中を巻き込んだ大きなうねりに発展。社会、文化、性の解放に向けた大きな契機となる。ボーヴォワールはサルトル、レリスらと共にすべての労働者と知識人たちに

学生たちの革命を

1971年4月▼人工妊

求め、自らの中絶経験を公にした「**343**

人のマニフェスト」に署名。「マニフェスト」を起草したのはボーヴォワール自身、マルグリット・デュラス、フランソワーズ・サガンといった売れっ子作家、ジャンヌ・モロー、デルフィーヌ・セイリグ、カトリーヌ・ドヌーヴといったスター俳優も名を連ねた。毎年100万人もの女性たちが不衛生な環境で非合法的に中絶手術を受けているという危険な状況にあって、女性が自分の身体について自ら決定、選択できるよう、そして無料で安全に手術を受けることができるよう求めた。同年11月、女性解放運動（MLF）の国際行進に参加。

1972年▼「**ボビニー裁判**」事件。これは強姦の被害に遭い妊娠した16歳の少女が、当時非合法だった中絶手術を受けたとして、手助けをした母親らと共に堕胎罪に問われた事件で、ジャミラ・ブーパシャ事件のジゼル・アリミが代理人を務めた。ボーヴォワールは少女らを救うためにアリミと共に支援活動を先導。この裁判はメディアにも大きく取り上げられ反響を呼んだ。少女らは中絶禁止法の適用を免除され無罪となった。

1974年11月▼当時の厚生大臣シモーヌ・ヴェイユの提案による**人工妊娠中絶合法化の法案**（**ヴェイユ法**）が可決。同年1月にはボーヴォワールを中心とした新たな女性解放運動グループ「女性の権利同盟」が結成されており、ボーヴォワールは代表を務める（1986年まで）。7月には内閣に初めて「女性の地位副大臣」クリスティーヌ・デルフィが誕生。

1977年▼MLF内でデルフィーらとともに理論誌『**フェミニズム問題**』創刊。さまざまな女性出版物の序文も執筆。

1985年▼ボーヴォワールらの働きかけもあって「女性権利省」が創設される。

1986年4月14日▼養女として迎えたシルヴィー・ルボン＝ド・ボーヴォワール、クロード・ランズマンに見守られ、78歳の生涯を閉じる。4月19日、世界中から集まった何千人ものフェミニストたちに見送られ、モンパルナス墓地へ。先に他界したサルトル（1980年没）と共に埋葬された。

MLFの集会に参加するボーヴォワ　ル（1

Source: Janine Niepce / Bibliotheque Marguerite

『シモーヌ』に誤りがございました。
訂正してお詫び申し上げます。

057頁　2段9行目
誤　クリスティーヌ・デルフィ　→　正　フランソワーズ・ジルー

057頁　2段11行目
誤　デルフィー　→　正　クリスティーヌ・デルフィ

［参考文献］

Simone de Beauvoir, *Mémoires t.1, t.2*, Gallimard, Bibliothèque de la Pléiade, 2018

村上益子『ボーヴォワール　新装版』、清水書院（Century Books. 人と思想；74）、2016年

トリル・モイ『ボーヴォワール――女性知識人の誕生』、訳：大橋洋一＋片山亜紀＋近藤弘幸＋坂本美枝＋坂野由紀子＋森岡実穂＋和田唯、平凡社、2003年

https://www.franceculture.fr/societe/simone-de-beauvoir-la-feministe（WEBサイト最終閲覧日：2019年8月20日）

はじめての ボーヴォワール

一九四三年のデビュー作『招かれた女』以来、
ボーヴォワールの著作は小説、哲学的エッセイ、
自伝・回想録、手紙や日記など多岐にわたっており、
その多くは日本語でも読める。
好きなものから読めばいいと思うが、
「何から読んだらいいの？」という人向けに
「とりあえずはこれ」と思う作品をいくつか選んでみた。
ボーヴォワールの書くものは
往々にして長いので読むのに時間がかかるが、
『おだやかな死』は短いし、『第二の性』は目次を見て
好きな章から読むのもありだろう。

『〔決定版〕第二の性Ⅰ　事実と神話』
（『第二の性』を原文で読み直す会／訳、新潮文庫）＊

『第二の性』（1949年）

刊行時フランスでもセンセーションを巻き起こした、フェミニズムのバイブルとも言うべきボーヴォワール代表作。日本では1950年代に刊行された生島遼一訳（全5冊）が広く読まれ60年代に『ボーヴォワール著作集』に収録もされたが、翻訳で読むなら1997年の『第二の性』を原文で読み直す会による「決定版」（単行本全2冊、文庫版全3冊）をおすすめしたい（大変残念なことに現在は絶版となっているが）。「女性とは何か」という問いに対し、第一巻では生物学、精神分析、歴史学、神話、文学などの諸分野で示されてきた答えを検討し、第二巻では数多の女性たちの日記や証言をもとに女性の生きられた体験を再構成していく。

仏ガリマール版
『Le deuxième sexe』

『レ・マンダラン』（1954年）

ナチスの占領下にあったパリが1944年夏に解放されてから冷戦構造ができあがっていく過程における、知識人たちの政治と思想をめぐる戸惑いや苦悩を描く小説。精神分析家のアンヌと、作家でレジスタンス活動家だったアンリの視点から交互に語られる群像劇。

『ボーヴォワール著作集　第8巻　レ・マンダラン』
（朝吹三吉／訳、人文書院）＊

テキスト：中村 彩

『娘時代』(1958年)

著者が自身の幼年期から21歳で哲学教授資格を得て独立するまでを描いた回想録第一巻。続編である『女ざかり』、『或る戦後』、『決算のとき』ではその後の20世紀フランスの歴史と密接に絡み合うボーヴォワールの人生の歩みが語られる。

『娘時代——ある女の回想』
(朝吹登水子／訳、紀伊國屋書店)＊

『おだやかな死』(1964年)

ボーヴォワールの70歳の母親が転倒し骨折した際に、末期の大腸がんが見つかった。その母を妹とともに看取るまでの4週間を、母親とのこれまでの葛藤も振り返りながら、淡々と静かな語り口で描き、病と死の暴力性を直視した作品。

『おだやかな死』
(杉 捷夫／訳、紀伊國屋書店)

『美しい映像』(1966年)

裕福なブルジョワ階級の主人公ローランスの人生にはすべてがそろっている——やりがいのある仕事、幸福な結婚生活、ふたりの可愛い子供、愛人。それなのに満たされない彼女の葛藤をとおして、映像(イメージ)の時代といわれる現代社会の空虚さを批判した小説。

『美しい映像』
(朝吹三吉・朝吹登水子／訳、人文書院)＊

＊は2019年現在絶版

日本語版のボーヴォワールの著書は、ほとんどが絶版、
もしくは在庫僅少となっております。
全国の図書館、古書店でお探し下さい。

DVD
『サルトルと
ボーヴォワール　哲学と愛』
(紀伊國屋書店)

「まずは映像で楽しみたい！」という方には、
ボーヴォワールが登場するこちらの映画作品がおすすめ。

『他人の血』(一九八四年、フランス・アメリカ・カナダ合作)
『サルトルとボーヴォワール　哲学と愛』(二〇〇六年、フランス)
『ヴィオレット　ある作家の肖像』(二〇一三年、フランス・ベルギー合作)
『ムード・インディゴ　うたかたの日々』(二〇一三年、フランス)

manifestation des suffragettes, Mme Séverine (source Gallica / BNF)

Exposition internationale des arts et techniques, Paris 1937 : manifestation pour le droit de vote des femmes françaises, devant le micro Louise Weiss (source Gallica / BNF)

エッセイ

「冬の時代」に関するちょっとしたお話

斎藤美奈子
SAITO Minako

えっ、現代書館から新雑誌が出るの？　フェミニズム系の？『シモーヌ』って、あのシモーヌ・ド・ボーヴォワールとか、シモーヌ・ヴェイユとかの？

すげえ！　かっこいい！　でも、大丈夫なの？

あ、すんません。「大丈夫なの？」ってことはないわよねえ。なにせこの出版不況ですからね、雑誌と聞くとついつい「大丈夫？」って考えちゃうのよねえ。なんて業界っぽいことをいいたいわけではべつになく、少し前（まあ一五年～二〇年くらい前ですけど）の保守言論界には身の危険を感じるほどの「反フェミニズム」の嵐が吹き荒れていたからなのだ。いちばんひどかったのは、二〇〇〇年代前半。「バックラッシュ（反動）」とも呼ばれる、フェミニズムの氷河期、いわば「冬の時代」である。

なぜそれを印象的に覚えているかというと、当時（一九九九～二〇〇四年）、私は『噂の真相』といういまはなき反権力雑誌に「性差万別」と題する連載コラムを持っていたからだった。キャッチコピーは「人のふり見て我がふり直せ」。フェミコードにひっかからないための言説辞典」。雑誌なんかの活字メディアで見つけた性差別的な言説をあげつらって笑ってやろうという、あまり趣味のよくない（？）連載だった。まあ『噂の真相』ですしね。ところが笑ってやろうという趣旨に反して、笑えない題材が続々と見つかるわけですよ。

とりわけ『諸君！』とか『正論』とかの右派論壇誌に。

せっかくだから少しだけ引用してみよう。

〈（ナチスと）同じような無法が今の日本で横行している。フェミニストと称するファシストは、表向きは男女平等を唱えながら、男女平等とはなんの関係もない性差否定、専業主婦否定、過激な性教育、男女共学化などを進めてきた。（略）／このイデオロギー偏向集団が今や日本の中枢部を占拠している。教育の現場、政党の中枢、国や地方の官僚組織の中心、マスコミの要所要所など、あらゆる分野にわたって浸透し、根を張っている。国民の多くが気のつかないうちに、日本がフェミ・ファシズムに占領されているのである〉（林道義「フェミ・ファシズムの無法をあばく」／『正論』二〇〇四年九月号）

なーに、この人、頭おかしいんじゃねーの？　って思うでしょ。ところが当時の保守系オヤジメディアでは、こんなヨタ話がけっこうマジで信じられていたのである。大手新聞の社説までがこんなフェイク情報を平気で流してたんだから頭が痛い。

〈「男女共同参画」の名目の下に、これとはおよそ無縁な教育が、全国の学校現場に広がりつつある。／「ジェンダーフリー」教育である。言い換えれば性差解消、つまり「男らしさ」「女らしさ」を全面的に否定する教育だ〉（『読売新聞』社説・二〇〇三年七月二三日）

「ジェンダーフリー」ってのは和製英語らしいのだけど、要はジェンダーバイアス（男らしさ・女らしさ）に縛られるのをやめようってこと。それを「ジェンダーレス」と履き違えている上に、現実の学校教育はそこまで進んではいなかった。

もうひとつ、右派が激しい攻撃を加えたのは性教育だった。二〇〇〇年、国の男女共同参画基本計画にリプロダクティブ・ライツの視点や、性教育の充実が盛り込まれた。ところが〇二年、中学の性教育教材が国会で問題視されると、「過激な性教育」の大バッシング報道がはじまった。ここは強調しておくけれど、こうした動きを受けて〇五年、自民党内に発足した「過激な性教育・ジェンダーフリー教育実態調査プロジェクトチーム」の座長は、当時は幹事長代理だった現在の安倍晋三首相である。

にしても、バックラッシュ現象はなぜ起きたのか。理由はいくつか考えられる。

ひとつは、九〇年代から〇〇年代にかけて、七〇年代以降のフェミニズムが提起した問題がようやく制度化されはじめたこと。男女雇用機会均等法のセクハラ防止規定、ストーカー規制法、育児・介護休業法、DV防止法、戸籍法施行規則における婚外子規定の廃止などなどだ。九九年には男女共同参画社会基本法が施行され、自治体にはこれを受けた条例の制定が義務づけられ、多くの大学に女性学やジェンダー・スタディーズの講座が設けられ、家庭科の男女共修や、男女混合名簿の実施率も上がった。林道義が「フェミ・ファシズム」と呼ぶのは、おそらくこのような事態を指している。

もうひとつは、冷戦体制の崩壊で、右派が共産主義に代わる新しい攻撃の対象を探していたこと。九〇年代後半以降、彼らが探し当てたのが慰安婦などの記述を含む歴史教科書であり、フェミニズム（ジェンダーフリー教育）だった。人々の感情を煽るという点で、これらは現在の「嫌韓ブーム」ときわめて近いところがある。

フェミニズム・バッシングは近ごろ鳴りをひそめたように見えるけど、その影響はいまも尾を引いている。夫婦別姓法案がいつまでも通らないのも、日本の性教育が著しく遅れをとっているのも、悪質なセクハラやレイプ事件が跡を絶たないのも、女性の国会議員や地方議員がいっこうに増えないのも、大相撲の土俵に女が上がれない問題も、もっといえば有効な少子化対策が打てないのも、冬の時代と無関係ではない。日本のジェンダーギャップ指数が一一〇位あたりに固定されているのは必然なのよ。

とはいえ、「ヤレる女子大学生RANKING」なる記事を載せた『週刊ＳＰＡ！』が署名運動の力で謝罪に至ったり（一八年一月）、セクハラ疑惑が持ち上がった財務省の福田淳一事務次官がすったもんだの末に辞任したり（一八年四月）、「『ＬＧＢＴ』支援の度が過ぎる」と題された杉田水脈の論文を発端に『新潮45』が廃刊に追い込まれたり（一八年一〇月）、職場でのハイヒールの強制に異議を唱える署名運動が広がったり（一九年六月）、昨年くらいから続く性差別を告発する動きは、大きな転換期に思える。長い冬の時代の後の春の芽吹き。やがてそれは大きな葉を広げるだろう。

『シモーヌ』に話を戻すと、シモーヌ・ド・ボーヴォワールと聞いて、私がいまとっさに思い出したのは「シモン・デビューボ」だ。この謎の人物は誰なのか。出典は『正論』二〇〇二年一〇月号のとある論文（エドワーズ博美「脱・家庭崩壊社会への胎動　フェミニズムの害に目覚めたアメリカリポート」）。そこにはこんな一文が。〈初期のフェミニスト、ベティ・フリーダンは、「女性には、家庭にいて子どもを育てる選択肢があってもいい」と言っていたが、最近の過激フェミニストのシモン・デビューボは、次のように反論している〉。

後に『バックラッシュ！　なぜジェンダーフリーは叩かれたのか？』（双風舎・二〇〇六）を出版した荻上チキさんらが、ネット上でこの話を広めると、たちまち話題沸騰。

もしかしてそれ、Simone de Beauvoir のこと？　ボーヴォワールも知らずに、この連中はフェミニズム批判をしてたんかい！　しかも、ベティ・フリーダンは、ボーヴォワールよりだいぶ後のフェミニストだぞ。

以上、冬の時代のとんだお粗末。氷河期の氷をこれからひとつひとつ溶かしていかなくちゃね。『シモーヌ』がんばれ。シモン・デビューボのお化けに負けるな！

エッセイ

シモーヌのBB、スタイネムのマリリン

フェミニストが愛したセックスシンボルたち

北村紗衣
KITAMURA Sae

世の中には、フェミニストはセクシーな女性を嫌っているというような噂を信じ込んでいる人も多い。これはまあ、ほぼ嘘だと言える。もちろんフェミニストにもいろいろな人がいるので、こういう人が全くいないというわけではない。しかしながら、セクシーな女性をバカ扱いする風潮に反対してきたのはフェミニズムだ。

フェミニストにも、お気に入りのセックスシンボルがいることがある。この記事では、フェミニズム雑誌の創刊号にとりあげるのにふさわしい二人のフェミニストと、そのお気に入りのセックスシンボルの話をしたい。扱うのは、本誌のタイトルにもなっているシモーヌ・ド・ボーヴォワールと、『ミズ』誌を創刊したアメリカのグロリア・スタイネムだ。ボーヴォワールはブリジット・バルドー（イニシャルをとってＢＢ《べべ》と呼ばれる）について、グロリア・スタイネムはマリリン・モンローについてとてもしっかりした論考を書いている。

ここで「セックスシンボル」という言葉を使うのは、本当はあまり良くないのかもしれない。というのも、ボーヴォワールもスタイネムも、ＢＢやマリリンをセックスの女神として理想化しているわけではないからだ。ボーヴォワールのＢＢ論は女優としての個性にフォーカスしたものなので、セックスシンボルについての考察だと言えないこともないが、スタイネムのマリリン論は哀切な評伝で、セックスシンボルについての論考とは言い難いかもしれない。それでもここでは「セックスシンボル」という言葉を使いたいと思う。というのも、彼女たちに魅せられた数多の男たちとは違

う方向性ではあっても、ボーヴォワールもスタイネムも明らかにこの二人のスターに魅せられているからだ。どちらも、魅惑する存在としてのBBやマリリンをフェミニストが分析した論考だ。

ボーヴォワールの「ブリジット・バルドーとロリータ症候群」はアメリカの『エスクァイア』一九五九年八月号に掲載された。バーナード・フレッチマンによる英訳で、こちらの英文は現在、『エスクァイア』ウェブサイトで無料公開されている（参考資料一覧に情報を書いておくので、原文を読みたい方はアクセスしてみてほしい）。日本語訳も『ユリイカ』や『エスクァイア』日本版に掲載されたことがある。この批評は、BBはフランスでは実はそれほど好かれていないという話から始まる。アメリカではアイドルなみの人気だが、フランスでは毀誉褒貶といった状況で、なんとなく敵意を抱く人が多いというのだ。ボーヴォワールによれば、BBは豊満な肉体が魅力のマリリン・モンローよりは、オードリー・ヘプバーンに近いお転婆娘ふうのエロティシズムを有している。タイトルの「ロリータ症候群」というのは、大人の男が入り込めない世界に住む子供としての女が登場する映画や文学が人気を博していて、その代表例がBBだという意味だ。BBは子供のように無垢で、自由奔放で、ハイヒールや宝石で着飾ることもない。欲望に素直に従うが、それを不道徳だとは全く思っていない。ボーヴォワールの見立てでは、男と同じように主体性を持って性的快楽を求め、それを率直かつ誠実にのびのびとやってのけるBBの奔放さが男たちを惹きつける一方、まごつかせる。ボーヴォワールはBBがフェミニズムの完璧なロールモデルだと言っているわけではない。しかしながらＢＢは新しいエロティシズムを体現し、これまで女性に課されてきた性的抑圧を軽やかにはねのける女性像を提示している。そして、明らかにボーヴォワールはＢＢに夢中だ。この批評は、女性が別の女性に対する憧れと連帯の気持ちを表明する、ある種のラブレターなのだ。

　浮き浮きした魅惑にあふれるボーヴォワールのＢＢ論に比べると、グロリア・スタイネムの『マリリン』はずっとシリアスだ。これは写真家のジョージ・バリスがマリリン本人と企画していたものの、マリリンの死によって完成しなかった書籍の企画を、死後二五年近くたってからスタイネムが引き継いだものだ。スタイネムはマリリンに強い関心を抱いており、一九七二年八月に刊行されたマリリン・モンローが表紙の『ミズ』にエッセイを書いたことがあった。スタイネムはマリリンに対して、無防備で傷つきやすい女友達を心配するような感情を抱いている。スタイネムはこの気持ちに従い、男たちが渇望する理想化されたセックスの女神マリリンではなく、スクリーンを離れた女性ノーマ・ジーン（マリリンの本名）の暮らしぶりを、できるだけ本人の発言や信頼できそうな知人の証言を使って明らかにしようとしている。それ以前の評伝では軽視されてきたマリリンの性的虐待経験についてしっかり考察したり、マリリンと他の女性たちとの交流などを細やかに描き出したりしているところはいかにもフェミニストらしい。ボーヴォワールのＢＢ論がラブレターなら、スタイネムのマリリン論は男社会にさんざん傷つけられた末に悲劇的な死を遂げた女性に対する挽歌だ。

このふたつに共通するのは、どちらも男性から勝手にジャッジされ続けてきた女性をフェミニストが女性の視点で論じた作品だということだ。たとえば、『エスクァイア』日本版に掲載されたBB論の日本語訳には、せっかくの論考を台無しにするような、極めて「男性目線」な山田宏一の解説がついている。山田はこのBB論について「女は女になるのではなく、まさに女に生まれるのだという「永遠の女」の真実を証明するもの」(51頁)だと述べており、ボーヴォワールの「人は女に生まれるのではない、女になるのだ」という有名な言葉をひっくり返して悦に入っている。しかしながらこの論考でボーヴォワールはロジェ・ヴァディムが「永遠の女」という古典的な神話の現代版をBBを通して作り上げようとしたことを指摘しており、ボーヴォワールは「永遠の女」像が実は永遠というより時代の趣味で変遷することをそれとなく指摘しているのだ。スタイネムは『マリリン』の中でさまざまな先行する評伝に言及し、ノーマン・メイラーをはじめとする男性の著述家たちがマリリンを不必要にスキャンダラスな形で描き出してきたことを批判している。ボーヴォワールもスタイネムも、女性スターたちを男たちの的外れな理想化や冷たい目から擁護しようとした。

日本にこういう、フェミニストが憧れるセックスシンボルはいるだろうか？　私なら宮沢りえをあげる。スキャンダルを乗り越え、舞台や映画で活躍する実力派女優になった宮沢りえは、評伝を捧げられるのにふさわしいと思う。いつか宮沢りえ論を書いてみたい。

［参考資料一覧］

グロリア・スタイネム（文）、ジョージ・バリス（撮影）『マリリン』道下匡子訳、草思社、1987年。

クロード・フランシス、フェルナンド・ゴンティエ『ボーヴォワール——ある恋の物語』福井美津子訳、平凡社、1989年。

シモーヌ・ド・ボーヴォワール「ブリジット・バルドーとロリータ症候群」中矢一義訳、『ユリイカ』1976年8月号、pp. 108-123。

シモーヌ・ド・ボーヴォワール「ブリジット・バルドーとロリータ症候群」山田宏一訳、『エスクァイア』日本版別冊、1991年12月5日、pp. 36-51。

シモーヌ・ド・ボーヴォワール『第二の性』全3巻、『第二の性』を原文で読み直す会訳、新潮社、2001年。

Simone de Beauvoir, ‘Brigitte Bardot and the Lolita Syndrome’, trans. Bernard Fretchman, *Esquire*, 1 August 1959, https://classic.esquire.com/article/1959/8/1/brigitte-bardot-and-the-lolita-syndrome（閲覧日：2019年8月9日）。

エッセイ

好きなリップを塗る自由

ハロプロの新しい魅力を模索するアイドルたち

鈴木みのり
SUZUKI Minori

ハロー！プロジェクトに属する女性アイドルグループ・アンジュルムの、前身スマイレージからの最後のオリジナルメンバー・和田彩花が二〇一九年六月一八日にグループを卒業した。その公演でのコメントがメディアでも取り上げられて話題になった。[1] ライブビューイングで同公演を見ていたわたしは、前日のブログ投稿[2]内の〈たとえ寂しい気持ちでいっぱいになっていても、ご飯はしっかり食べてくださいね。そして、寝ることも忘れずに。それぞれやるべきことはしっかりやりましょう。〉と同内容の和田さんのMCに、古いハロヲタ友達と共にいたく感激していた。労りの気持ちを生活の平易な言葉と結びつけ、さらに個であることの大切さを込めて呼びかける、地に足のついた強さ。坂元裕二脚本のドラマ『カルテット』（TBS、二〇一七年放送）の名台詞〈泣きながらごはん食べたことある人は、生きていけます〉に通じる。和田さんは、ハロプロのコンサート（ハロコン）の、二〇一八年八月二五日の中野サンプラザでの昼公演でも、終演間際にハロプロリーダーとしてコメントする際、言わなければいけないあいさつでパンパンな限られた尺の中にも「熱中症に気をつけて、お水を飲んで」と早口で、しかしはっきりと挿入し、観客をねぎらっていた。

モーニング娘。を頂点とするハロプロ擁するアップフロントプロモーションは、アイドルたちの歌唱やダンスといったパフォーマンススキルを高水準に保つことに成功している。

一方、与えられた台本を読まされている感満載のMCが目立ち、鼻白むところがある。だから、くだんの和田さんのアドリブだろう労いのコメントは、わたしには異例と感じられた。十代のアイドルたちがいきなり気の利いたことを言えるわけもなく、「大人が用意した言葉を読み上げる」から始めるというのはわからないでもない。でも「MCを務めさせていただく・やらせていただく」のような、過剰にへりくだった言葉遣いをハロプロメンバーのブログなどで見るにつけ、所属事務所から「発言の許しや指示を頂戴する」みたいな印象がして居心地が悪い。また、矢口真里や藤本美貴が娘。を辞めた背景にデート報道があったように、日本のアイドルに求められがちな「恋愛は許されない」という価値判断も無批判に飲めない。特に女性アイドルに向けられる擬似恋愛的・性的に消費するファンを想定しての対応だろう。アイドル自身の従順さや、事務所の処遇の背景には、（主に異性愛の）男性優位的な社会構造が背景にあると思う。

　このように、業界的な「当たり前」として、日本の「アイドル」という存在に貼りつく主体性の薄さ、能動性の範囲の狭さには依存的な感触がして、危うい。かつて、主に『うたばん』（TBS、一九九六〜二〇一〇年放送）との蜜月期だった二〇〇〇年代前半までモーニング娘。がお茶の間を席巻していた頃も、「バラエティのモーニング娘。」像を牽引した功労者だった加護亜依の頭の回転の良さには目を瞠ったけれど、飯田圭織や保田圭のように「いじられる」のが基本で、受動的なメンバーも少なくなかった。しかし娘。ブームが沈静化し、ハロプロ全体の売上面の勢いが落ちたとき、世間的な関心を高めたのは道重さゆみ（元娘。）や嗣永桃子（元Berryz 工房）のような、「自分で考えて話す」メンバーの力によるところが大きかった。高橋愛、鞘師《さやし》里保、小田さくらや、解散した℃-ute のような、スキルの高さ・鍛錬で憧れの対象としてファンを引きつける面もあるけれど、楽曲や振り付けなど他者に頼らざるを得ない以上、傀儡《くぐつ》ではない、その人らしさは、言葉を自分で繰ろうとしているところから感じられるんじゃないだろうか。

和田さんが卒業時に、アンジュメンバーの笠原桃奈に対して「好きな色のリップを塗りなさい」というメッセージを贈った。性的な文脈でファンに媚びなくて良いという意味でわたしは解釈している。背景にはブログでの、「リップの色が濃くて年相応でない」といったファンからのコメントに関する、笠原さんの投稿があった。[3]「アイドルとしてふさわしい容姿」という像を作り上げた性的な消費の眼差しへの戸惑いだとわたしは解釈した。さらに笠原さんは、和田さん卒業後に〈好きな色のリップを塗って生きていきます！笑〉と宣言し、[4]和田さんもソロ活動開始のブログの投稿で、この一連の流れを意識してだろう〈「アイドルだから」口紅は自然なピンクでいることが正しいか？　オレンジでは不自然？「アイドルだから」それが理由となるだろうか？〉と綴っている。[5]両者に通じる、個人としての在り方とアイドルとして他者の欲望の器になることのはざまにある葛藤の吐露は、アイドルでなくても、日常的に容姿や服装について美醜の価値判断が下されやすい、特に女性にとって勇気づけられる声になり得る。このあたりは、ハロプロ所属ではなかったけれど、同じつんく♂プロデュースで、娘。の初代マネジャーの和田薫氏が手がけた、EE JUMPとしてデビューしたソニンが、和田氏から離れたのち刊行した『元リバウンドの女王』（宝島社、二〇一二年）にも通じる。体重という数字のみで「太っている／痩せている」と容姿をジャッジされるばかりで、適切なトレーニングやケアがないなか自ら打開せざるを得なかった、ソニンの苦悩の歴史は痛切だ。

アイドルを消費する側として、賛意にも注意したい。福島淳が「WEZZY」で紹介した、ビヨンセら欧米のメインストリームのスターたちの、近年のフェミニスト宣言のトレンドを「マーケットプレイス・フェミニズム」として分析するアンディ・ゼイスラー（アメリカの作家・編集者）の論評[6]が手掛かりになる。フェミニズムのブーム以前から、スターたちが、環境問題や反戦運動などの社会問題を熱く語っては冷めていった歴史がある、とゼイスラーは批評する。政治的発言がほとんどない日本の芸能界を鑑みると、この批評はより深刻に受け止められるべきと考える。和田さんの意識の高さを無邪気に祭り上げるような個人化に帰すのではなく、事務所と芸能人の力関係やファンからアイドルへの欲望を問い直すなど、大きな課題として捉える視点も忘れてはいけないと思う（アイドル・事務所・ファンを巻き込んだパブリックなかたちで問い直そうとしているのも和田さんなのだが）。

ロックファン向けの音楽フェス「ロック・イン・ジャパン・フェスティバル」に出演したモーニング娘。の、MCほぼ抜きのパフォーマンスに賞賛の声が上がったのは、ハロプロの歴史のひとつの結実だろう。プラチナ期と呼ばれる二〇〇〇年代終盤の数年間からの、公演を重ねてパフォーマンスの技術や曲を磨いていく娘。の方向性は、必ずしもセックスアピールが必要ではない「アイドル」の在り方を開拓する道筋だろう。初期娘。や初期タンポポ（娘。派生ユニット）の「ハモり」というミュージシャンシップ溢れる表現の追求から（『TANPOPO 1』（一九九一年）はハロプロ関連アルバム随一の傑作なのでぜひ聴いてほしい）、「アイドルではなくミュージシャン」という考えを述べた飯田圭織がかつて、バラエティでネタ化されていた時代を振り返ると感慨深い。

和田さん的な「媚びない」在り方と、ライブハウス規模でも公演をするハロプロの、観客の反応をダイレクトに受けるため手を抜けないのシビアな状況で「いかに見せるか」というパフォーマンスへの意識の高まりが、今後の、ハロプロ的かつ新しい魅力の要になるかもしれない。

1 https://www.buzzfeed.com/jp/yukimiyatake/angerme-ayakawada
2 https://ameblo.jp/angerme-ayakawada/entry-12482262357.html
3 https://ameblo.jp/angerme-ss-shin/entry-12344015099.html
4 https://ameblo.jp/angerme-ss-shin/entry-12483372060.html
5 https://ameblo.jp/wadaayaka-official/entry-12500283562.html
6 https://wezz-y.com/archives/32767

乾いた喉、土砂降りの夜。

福田和香子
FUKUDA Wakako

エッセイ

　木曜の午前一時。電子レンジで温めた焼き鳥を串から外して卵かけご飯の上にのせる。肉、ネギ、肉、と交互に箸でつまんでは口に放り込むのを続けて気が付けば最後のひとつ。箸を持つ手が止まる。その最後の肉の塊は、心臓のような形をしていた。小さな心臓。パッケージに書かれているのが正しければ、これは鶏のモモ肉であるはずだ。鶏の心臓がどんな形をしているのか私は知らない。あまり興味もない。濃い茶色のたれと生卵の黄色が混ざり合って絡みついているその小さな心臓は、たった今身体から抉り出されたようにとても「身体性をもって」そこに置かれていた。その小さな塊よりもさらに身体性をもった私は、ふん、と鼻を鳴らしてその小さな心臓を口に放り込み、咀嚼し、水で流し込んでしまった。こんな日はもう、吐くのもめんどくさかった。水につけた茶碗をシンクに置いて、部屋に戻った。

　洋服は、セックスへの招待状ではない。嫌だと何回叫んでも、まるで私の声だけがミュートされてしまったかのようにして全く聞き入れられない。怒りも、困惑も、ふてぶてしい態度でさえも性の対象として消費されてしまうんだから大したものだ。身体性。私の身体は私自身によってのみ所有されたものであるということを、私はあまり理解できていないようだった。私はまだ存在している？

'if you like it, you better grab it you know?'

彼はそう言ってグラスを傾けた。なんて頭の悪い男だろうと思った。「でもさ、私は商品じゃないんだけど。モノでもないし」。二〇代のほとんどをフェミニストとして過ごしてきた私はそう返す。水曜の夜にしては混み合ったバーの中で、向かいに座ったその男はまさにたった今私のことを商品化した。彼は私がアクティビズムに関わりのある人間だということも知っていた。

「でも、君はとても魅力的なモノなんだよ。そしてそれは誰しもに言えることじゃない。君は若く美しくて賢い。ただのモノじゃなくて、他より秀でているモノ。それは誇りに思うべきことだからね。君は実際に価値のある女性なんだから」。私はすっかり黙り込んでしまった。怒ってすらいなかった。ただ何を言えばいいのかわからなかった。私はたった今この男によって商品化された。それは決して初めての経験ではなかった。それなのに私は困惑していた。

彼がバスルームに立った隙に、カバンをつかんで黄色いタクシーに飛び乗った。断りきれずに誘いに応じたことにも、困惑して何も言い返せなかったことにも、今晩のすべてに落胆していた。私というもののすべてに、落胆していた。

まだ夢を見て飛び起きることがある。午前三時。暗い空。今思えばよく無事だったなと自分でも思う。何年も前に起きたこと。数は数えない。

「ほんの些細な選択」がその後をぐらりと揺らしてしまう。映画の観すぎ、小説の読みすぎ、かもしれない。私はちっとも強くなかった。誰にも言わないほうがよかったのかもしれない。そうしたら、もしかしたら全くなかったことにして、記憶の桐箪笥の奥底の底の底の底の底までしまいこんで二度と思い出さずに済んだかもしれなかった。人に伝えるというのはつまりその記憶に色彩を、匂いを、そして形をもたせてやるということで、そのうちにそれは私の肌にすっかり溶け込んでしまい気が付けば立派に私のアイデンティティの一部になってしまっていた。

私はどうやら強い女として見られているらしかった。けれど、コンセントカルチャーもエンドレイプカルチャーもマイボディーマイチョイスも、目の前に降りかかってきた男を前にしたら、水にふやけた和紙より弱かった。情けなかった。私には力も言葉もなかった。そう、私は言葉を持っていなかった！

被害者と名のついた私を修復したのは他の男で、他の酒で、他の夜だった。被害者と名のついた私が心底憎んだのはあの男なんかじゃなくて、生みの親だった。結局私はその程度だった。被害者と名のついた私がこれについてたった一人の女にしか話さなかったのは、かわいそうにと同情の目を向けられたら最後、もう立ち上がれなくなるのを知っているからだった。けれど同じ言葉が男たちから発せられた時、私はそれを容易に咀嚼することができた。また女になればいいだけのことだから。私はそのやり方をようく知っている。醜くて仕方がなかった。おそらく生まれて初めて、私は自分が何者かであることをそれによって把握し、その事実についてとても醜いと思った。

重たい雨雲。私の頭の真上。傘をさして突っ立っている。五〇メートルほど先は晴れている。地面には何もない。雨が降るかもしれない。不幸そうな色をした雨雲が、私の周りを囲んでいる。私は傘の柄をぎゅっと握りしめて、長靴の中のつま先を固く丸めて立っている。たった五〇メートル。健康な体。走り方だって知っている。それでも私は自分の体を動かせずに、雨雲の下に立つことを自ら選んでいる。実際に光はすぐそこにあるにもかかわらず、だ。

他人の希望なんかどうでもよかった。私にあるのは私の絶望だけだ。お前の快楽と安定のためだけのポジティヴなんていらない。私をこの醜さから解放してくれるのは絶望に基づく怒りで、とってつけたチープな希望なんかじゃない。

マンホールから泥水が吹き出てきたようにしてあふれ返る言葉の数々。私は本当にじゅうぶんに守りきれているだろうか？　私の言葉なんてない。存在していない。すべて借りものであるということ。なんとも言えない気持ちになる。絶望とはまたちょっと違う。とても近いけれど。

私は絶望という感情を知っている。希望よりも、はるかによく知っている。

最後は結局一人だから。別に路上に出たり何か大きな事に挑戦したりしなくても、戦いって一人でやらなくちゃならないものだから。別に、一人で生きていかなきゃいけないってわけじゃないの。けれど、足りないものを埋められて、絡まっている紐をほどいて行きたいところへ行かせてやれるのは結局自分しかいないから。自分の手は自分でしか動かすことができないし、動かさない選択をするのもまた自分だものね。

魂の殺人。使い古された言葉。聞くたびに勝手に殺さないでくれよと苛ついていた。最近になってわかったこと。いったん殺されておいたほうが、楽だったのかもしれないということ。幸か不幸か、私はまだここにいる。ここではないどこかに私ではない何かを求めながら。被害者からサバイバーへと色を変えた私は、絶望と困惑を繰り返しながら、目だけはしっかり光の方を向いている。

エッセイ

ファッションとジェンダー、フェミニズム

上間常正
UEMA Tsunemasa

男はなぜスカートをはかないのか。女はフォーマルな場では、パンツスーツをなぜためらうのか。そう思わせるルールがあるのだろうが、そのルールはいつ誰が決めたのか。そして服のルールが男と女では違うのはなぜか？　日本国憲法第二十四条でも結婚と夫婦を前提としてはいる「両性の平等」が定められているのに、男と女で違うルールがあるのは基本的にそれに反しているのではないか。

もっと言えば、人は男女にかかわらずみんな平等で自由に生きる権利があるとの考え方がある。男と女でルールが違うのは、この理念にも反していることになる。そしてこれは、ヨーロッパで一八世紀の末頃から成立した近代市民社会で、貴族に代わって国の実権を握った裕福な工場経営者や資本家などの新興富裕層（ブルジョワジー）が、実権の正統性を主張するための基本理念だった。しかし実際には、その「人」はブルジョワジーの男性だけで、女性や工場で働く労働者は含まれていなかった。

近代市民社会で女性が担うことになった社会的役割（ジェンダー）の基本は、女性は家で家事・育児そして消費を担うこと、そして外で働く男性を無報酬で補助することだった。その結果、男女のジェンダーの違いと男性優位の構造が、近代以前よりずっと大きくなってしまったのだ。一九世紀半ば過ぎにパリで成立したオートクチュールのファッションは、そのことを見た目ではっきりと示す役目を担うことになった。違いをどう表現したかといえば、男性服は貴族の時代と違って地味で活動的になり、女性服の方は貴族の時代の装飾過剰な装いがそのまま引き継がれた。

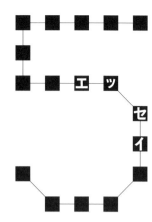

一七世紀後半のルイ一四世統治下の頃から、パリはヨーロッパでのファッション流行の発信地となっていた。色や素材をたっぷり使い、コルセットでウエストを五〇センチ以下にも締め付けた華やかな服は、ヨーロッパの女性たちの美しさへの夢を誘った。当時のアジアやイスラム地域の民族服にはかなり劣るレベルでしかなかったが、ヨーロッパではその程度で十分だったのだ。ブルジョワ男性は、自分たちの財力が貴族に負けてはいないことを妻や娘、または愛人たちの服装で誇示した。貴族の女性たちは自分でどんな服を作るか仕立屋に指示できたが、成り上がりのブルジョワ女性たちのためには仕立屋が服をデザインしなければならず、それがデザイナーの始まりとなった。

二〇世紀に入って、第一次世界大戦後のベルエポックと呼ばれた平和な時代に活躍し始めた女性デザイナーたちの中には、そんなファッションの在り方に変革をもたらすような動きもあった。オートクチュールのお針子からデザイナーに転身したマドレーヌ・ヴィオネ（一八七六〜一九七五年）は、バイアスカットで生地が体に沿って流れるようなドレスで、コルセットから女性の体を解放した。ココ・シャネル（一八八三〜一九七一年）は、男性から保護されるだけでなく自立して働く女性のための服を初めてデザインした。ツイード仕立ての膝丈スーツや黒のシンプルなドレスは常識を覆したが、基本的には男性服の仕立てやスタイルを取り入れただけとも言えた。

第二次世界大戦後のオートクチュール復活と同時にデビューしたクリスチャン・ディオールの「ニュールック」と評された服は、考え方も形でもヴィオネやシャネルよりも前の時代に後戻りしたものだった。一九六〇年代の後半にファッションの主流がオートクチュールからプレタポルテ（高級既製服）に移ってからも、男女のジェンダー表現の対比を強調する基本的な構図は今でもあまり変わってはいない。

ではファッションは結局のところ、男性支配による近現代産業社会の性差別の構図を見かけの華やかさで隠してきただけなのかといえば、決してそうではない。差別する側の奥に潜む欺瞞や底の浅い自尊心を見透かして鋭く批評するような表現もファッションには込められていた。特に八〇年代からは、コムデギャルソンの黒一色のほつれた服やパッドを体のあちこちに付けたドレス、ヴィヴィアン・ウエストウッドの下着ルック、ジョン・ガリアーノのどうやって着るのか分からない装飾満載の巨大な服やジャンポール・ゴルチエの性別不明なドレス……。ホモセクシュアルの男性デザイナーも差別される側ということでは同じなのだ。

こうしたデザイナーたちの表現は性差の壁そのものへの反発だった。一方で二〇〇〇年代には、女であることの特性を男性に媚びずに自然体で楽しむステラ・マッカートニーやクロエのフィービー・ファイロのような表現もあった。

どちらの表現も根はフェミニズムと共通しているのだろうが、言葉のメッセージにしてはいない。あえて言えば、差別される性としての思いを服の形でメタファー（暗喩）として示していた。すぐに言葉にしてしまうと、言葉の意味の中に潜む男性優位の考え方の影響を受けてしまうからだ。ファッションの表現には、そんなヒリヒリするような鋭い感覚がある。その大きな理由は、近代社会がジェンダーから伝統的な要素を多く切り離してしまい、ファッションがその旗振り役をしてきたことへの苦い思いがある。

ジェンダーというのは、近代より前の世界中のどんな社会にもあった。その多くの地域では男性優位型だったようだが、それぞれの地域の気候や風土、文化、宗教などの特色を織り交ぜながら、何百年もかけた男女の関わりを通してルールとしてでき上ったものだ。ルールはそれぞれの地域の特色にかなっていて、従っていれば男女双方がおおむね安心して生きていける内容だっただろう。

もう一つ言えるのは、男と女の違いは両性生殖の生物としては決定的だとしても、その現れ方は男女の関わりを通して常に補い合う現象でしかない、ということだろう。その意味では、どちらか一方がいつも何かを押し通したり、一方がいつも押しつけへの苦難を強いられたりするということはなかったはずだ。たとえば、「父は強く、母は優しい」は、状況によっては「父は優しく、母は強し」に変化するように、男女の相補的な関係は多様で流動的なのだ。

伝統的なジェンダーを「人はみんな平等で自由だ」との理念で変えてしまうと、男と女はお互いに理解できない存在になってしまう。一九七〇年代のはじめの頃、野坂昭如が歌う「黒の舟唄」という曲があった。「男と女の間には、深くて暗い川がある〜」と始まる歌詞を聴いて、ひと世代前の男性の郷愁を表す甘ったれた歌だと感じたのだが、後になってからそれはジェンダーを不自然に歪めた現代社会の行き詰まりと不安を男性の側から敏感に表現していたのでは、と気づいたことを思い出す。

二〇世紀以後、女性の社会的進出が加速して性差の壁が低くなってきたことは否定できない。近代のジェンダーはその度にそれを取り込んでバージョンアップしてきた。しかし、物を大量して経済成長を目指すためにできた近代のジェンダーの構図は今なお続いている。フェミニズムが新たに注目されているのは、大量生産による資源の枯渇や環境破壊がすでに限界を超えてしまったことを無視したり、科学技術の高度化によってなんとかなると期待したりすることでは対処できなくなったことが背景にある。

そうした楽観的な思いを支えているのが男性優位のジェンダーだとすれば、変えていく主役は差別の被害者である女性なのだと思う。かつてのラジカルフェミニズムは男女の同一性を目指したが、今は男女の差異に根差す新たなラジカルフェミニズムが求められるのではないだろうか。あえて注文とすれば、フェミニズムはファッションにもっと関心をもってほしい。地球環境に壊滅的なダメージを与えている科学の合理性の暴走を押しとどめるためには、生き物としての人間が本来もっているみずみずしい感情や情動、ファンタジーへの想像力を思い起こすことが必要だ。

ファッションはそうした「ときめき」をずっと表現してきたのだから。

員の方が多く、医療関係では五分五分といったところでしょう。また、仕事に復帰できるように、認定保育所も乳幼児2カ月目から、必要に応じて、子供を預かっています。

要するに、高い志と社会制度のサポートを政治的に誘導することが必要条件なのです。

しかし、その過程が成功するためには一般の意識向上を図ることも必要です。フランスでは、中等教育から高等教育まで、歴史や文学、また哲学のコースでジェンダー問題を扱ったものがかなりあります。例えば、1970代後半から1980年代にかけて、私が大学で受けた講座では、セヴィニエ侯爵夫人、スタール夫人、ジョルジュ・サンド、コレット、シモーヌ・ド・ボーヴォワール、マルグリット・デュラス、マルグリット・ユルスナール、アニー・エルノーなどの作品を通して、女性の視点から文学を読み解くということが徹底的に行われていましたし、理論的にもフェミニストたちの精神分析学(ジュリア・クリステヴァ、エレーヌ・シクスー、リュス・イリガライなど)が当時のフランスでは主流でした。その後、これらの理論はアメリカへ渡り、ジュディス・バトラーが示したようにジェンダーの概念自体を揺るがす方向へ変遷してゆき、新たな問題群、例えばLGBTQの権利を浮き彫りにして行きます。

英語の授業ではヴァージニア・ウルフの『自分ひとりの部屋』(1929年)の解読が最も印象的でした。これは一種の現行マニュアル的なもので、女性も自分の書斎で仕事を進め、自立する権利を追求する必要がある、という抵抗の書であるだけではなく、優れた人生論でもあり、圧倒的な傑作としての力があるためです。ただ、90年以上もたった今、世界には改善の余地がまだまだ残っているのが現状です。

これからのシフト

支配／被支配の構図は常に支配側にも思想的な束縛があり、究極的には男女同時に既成の関係から脱出する術を模索する必要があります。ウルフが前述のエッセーにこのように書いています。

「女性解放に反対する男性の歴史は、女性解放の歴史そのものより、もしかすると興味深いかもしれません。」(片山亜紀訳『自分ひとりの部屋』平凡社、2015年)

つまり、女性の解放は男性組織の変革と直結しているのです。また21世紀に突入した現代においては、労働の法則、価値、持続性が大きく変わり、終身雇用は難しくなっています。とすると、今後の課題としては、よりフレキシブルな世界の中で、いかに人間が個人としての心地よい居場所を見つけるか、そして、その幸運に恵まれた人たちは、いろいろと困難を抱えている人たちに手を差し伸べ、男女の対立だけではなく、世代のギャップ、格差などをも超えて、穏やかな共生を形成する努力を続ける。これからはそのような理想を大事に、生活を営んで行くことが重要であるように思われます。それが理想であるとしても。そして、日本では女性の地位向上が先決であっても。

日仏間の女性の眼差し

坂井セシル

女性と学問についての個人的な経験談を、と寄稿依頼され、躊躇しました。というのは長年、教師、研究者、翻訳者として公的な言説を主に活動してきた者としては、私的な考えや感想の表示は避けてきました。あくまでも客観的に、ニュートラルに、というのがモットーでしたし、今後もそうであると思います。批評家として小説を分析することは面白くても、小説を書く気には全くなれない、つまり作者としての自己を演出することは嫌いであるのと同等の感覚です。

ただ、今回は女性というテーマが前提にあり、それ自体がニュートラルではなく、また日本における女性の地位が、日仏間の立場から、あるいは世界的に見ても、やはり非常に遅れていると感じる現実の前では、一言でも、状況を変えることに貢献したい気持ちになります。

時代、場所、仕事

この前置きでわかるように、私にとって最も重要なのは仕事です。家族、社会、政治、経済、他、あらゆる絆が仕事と絡んでいることは疑う余地もありません。いつか、ある友人が「職業婦人」という古風な表現を使いましたが、フランス人にとっての女性のモデルとは、私の母の代から「仕事をする女性」、つまり経済的に自立している人でした。私の世代は、歴史的に女性が必死に闘った1910年代の『青鞜』の時代と、1960〜70年代の政治思想闘争の時代の後輩として、その恩恵を被ったポストフェミニストであり、男性を経済的にも対等に見る方法を取得した世代に属します。

日仏の家庭に育ち、幼少期から思春期を日本で過ごし、その後はフランスで大学に学び、仕事をしてきた私は、日仏両方の文化や社会を比較することを無意識にも常に行っていました。日本では、21世紀の現在においても、責任職がほぼ男性に占められ、学問の分野でさえ、圧倒的に男性の方が多いのには驚きます。少子化が大きく問題になっていますが、公共の保育制度が整っておらず、母親たちの負担になっており、仕事と家庭の両立が、ほぼ不可能である状況の中で、各々の未来像を築く決断は凍結しているように見えます。

フランスでもジェンダーの不平等はありますし、例えば性暴力による女性の被害者やフェミサイド(女性に対する計画的な暴力、殺害)の犠牲者はあとを絶ちません。しかし、あらゆる方面からそのような問題に取り組む法案が構築され、公共政策ではパリテ(同等性)を1990年代後半から目標に据え、現フランス政府の官僚構成は女性(17名)と男性(19名)がほぼ同数です。また2017年の選挙で上院議会31.6%、下院議会38.7%が女性議員となっています。人文社会系の大学では女性の教

エッセイ

「かわいい」と「怖い」

山下恒男
YAMASHITA Tsuneo

子どもが「かわいい」理由

幼い子どもや、生まれたての哺乳類の動物たちの顔やしぐさには、思わず「かわいい」という感情を覚える。オーストリアのコンラート・ローレンツや彼に学んだアイブル＝アイベスフェルトなどの動物行動学者たちは、動物の赤ん坊の「子どもっぽさ（Kindchenschema）」に着目した。特に、アイベスフェルトは人間の行動に関心を持ち、「かわいらしいものの標識は丸い頬、小さな顔のわりに高くはり出た額、相対的に大きな目、小さなおちょぼ口、胴に比べて大きな頭、丸みを帯びた体形その他である」と説明している。

なぜ、子どもはかわいく「作られる」のか。それは自分だけでは生きられないからである。身を守る術を持たない生まれたての子どもは、攻撃されるのを防ぎ、強いものの庇護が必要なのである。成長するにつれて、かわいらしくなくなるのはたんなる保護の対象ではなく、自立し強くなっていくからである。

しかし、人間社会において、大人たちがかわいい対象にならないというわけではない。女だけでなく、男もかわいいの対象になる。それは「関係」の問題である。つまり、自分にとって力の弱い対象がかわいいのであって、支配－被支配の関係になる。職場の人間関係でも、上司にとって「かわいい」部下もいれば「かわいげのない」部下もいるのである。

若い女性と「かわいい」

かわいいと言えば、若い女性が「かわいい」という言葉を頻発する傾向にあるということがある。女性誌の表紙などもかつての「きれいな」顔から「かわいい」顔に移っているという印象がある。前記のアイベスフェルトは「女の子供っぽい標識もまた、性的標識と並んで強調されることが多い」と頭部が大きい華奢なビキニの水着の女性のイラストを示している。

しかし、ネットで「かわいい女の子の特徴」で検索して見ると、予想よりもはるかにおびただしい数で、その多くが男目線であるが、身体的特徴にふれているものはほとんどない。そこでは「男が可愛いと思う女の子の特徴10」などというのが出ている。それらに共通しているのは、「いつも笑顔」「ポジティブ」「素直な子」「甘え上手」「男を立てる」などである。そして、声、しぐさ、ファッションなどがかわいい、ともある。

これらは、現実の人間関係の中では実際に意味を持つものである。

そして、ネットでは〝「美人」はガチ！「可愛い」は印象で作れる！〟という言葉さえ見られる。つまり、「かわいく化粧する」、「かわいい小物」を持つなどは自分の努力の対象になる。

目を大きく強調し、かわいくメイクした女性は、その顔をどこに向けるのだろう。興味深いのは、それが必ずしも若い男ではなく、彼女の仲間である同性を意識している場合もあることだ。既婚者も含めて、自分の顔の写真をSNSなどにアップし、いわゆる「インスタ映え」を競うことも多い。そこには、「かわいい」は保護や庇護を求めてという本来（?）の目的ではなく、「私を見て」、「私を認めて」という文化・社会的色彩を帯びた訴えがあるようにも思える。

「かわいい」の反対語は?

ところで、「かわいい」と反対の意味を持つ言葉にはどんなものがあるだろう。ネットなどの辞書では、「憎い」と「怖い」が目立つが、ここでは自分が脅かされる「怖い」について考えてみよう。

言うまでもないことだが、若い女性のすべてが「かわいい」を目指しているわけではないし、そう言われてうれしく思わない人もいるだろう。なかには、自分に対する侮辱だと考える人もいるかもしれない。しかし、平均から逸脱した女性は「怖い」の対象となり、世間の攻撃の対象になることもある。

昔、とりわけヨーロッパ中世には「魔女裁判」などというものが行われて、火あぶりにされた。しかし、ほとんどの場合その根拠はなく、魔女は作り上げられたのである。「どこそこの女が金持ちだって?…魔女だ。——どこそこの女がきれいだって?…魔女だ」(ミシュレ『魔女』)といった具合に。魔女を生み出す原因については諸説あるが、当時流行したペストやコレラなどの伝染病の恐怖や「異端」を必要とする教会の利害などを背景にしていると言われる。

一方、現代では「魔女」というコトバから必ずしも忌まわしさや怖さを感じない。「東洋の魔女」や「美魔女」など、傑出した女性に対して言われる。ファンタジー文学などでも、必ずしも悪者ではない。むしろ、人生経験を積んだ思慮深いおばあさんを意味することがある。湯本香樹実の『ポプラの秋』や梨木香歩の『西の魔女が死んだ』などの作品は、おばあさんと子どもの関係を描いている。前者でも、大家であるおばあさんは怖くて、「悪い魔女」のように見えるが、いずれも傷ついた子どもがおばあさんによって救済される物語である。

人間の生物学的側面と文化・社会的側面
——おばあさんの場合

人間の動物であることの宿命から、年を

とるにつれて、誰でも老いてゆくし、誰でも死んでしまう。

ここで、思い出されるのは、二〇〇一年以降の当時の石原都知事の「ババア発言」への一連の裁判である。彼は、ある学者の説を紹介する形で（これが曲解なのだが）「〝文明がもたらした最も悪しき有害なものはババア〟なんだそうだ。〝女性が生殖能力を失っても生きてるってのは、無駄で罪です〟って。」と、男の場合（〝ジジイ〟）を棚に上げて自説を展開した。

「女は子を産む機械」などと暴言を繰り返す政治家たちにしても、女性の老後についてまで執拗に攻撃することはしない。当然のことだが、一三一人の女性たちが名誉毀損等で石原を告訴した。しかし、裁判所はすべての訴えを棄却した。石原は、産卵を終えたシャケを引き合いに出したり、「変な左翼」などと攻撃を続けた。彼女らは本（『131人の女たちの告発』、明石書店）や小冊子などで、告発にいたるまでの自分たちの半生や思いを書いている。それは「変な左翼」とか「ババア」などと一括りにして呼ばれるものではない。

人間がその文化によって「生理的早産」であることを指摘したスイスの生物学者ポルトマンは、『人間はどこまで動物か』（岩波新書）に「老衰」の一章を設け、人間の老年の特殊性をあげ、「人間生活にとって、年を取ったひとがどんなに重要なのかがわかる。」とも、「すぐれた智慧にみちあふれた老婦人の姿がある。」とも書いている。

ポルトマンがこの本を書いたのは一九四四年で、生物学的な概念を政治的なスローガンにして攻撃の武器として使うナチズムに反対する意図をも持って、生物学的なあり方に影響を与える社会・文化的要因を強調している。「かわいい」にせよ「老い」にせよ、生物学的側面と無縁ではないが、それを差別の道具にするのも、人間生活の豊かさにするのも、人間の文化と社会なのである。

エッセイ

身体の見方を学ぶために

小林美香
KOBAYASHI Mika

私には現在八歳の娘がいる。ショートパンツを履くようになった夏休み前頃から、自分の脚を眺めながら「脚に毛が生えていて嫌だ。ツルツルになりたい」と不満を漏らしたり、「カミソリで毛を剃った後にローションを塗るとツルツルになるんだって」と、脚の毛をなくしてしまいたい旨を訴えてきたりする。「無理に剃ったりすると、肌が傷んだり、もっと太い毛が生えてきたりするんだよ、あまり気にしない方がいいよ」と応えるものの、私自身が同じ位の年齢の頃、体毛の濃さを気にしたことがあっただろうかと、覚束ない記憶を辿りつつ娘の心中を案じてしまう。少なくとも、「ツルツルスベスベの綺麗な肌」を謳い、体毛が濃いことにコンプレックスを植えつけるような美容脱毛産業は私の子ども時代には存在しなかった。それに、生まれた頃からスマートフォンが身近にあって、自撮りをしたり、写真にフィルターをかけたり、加工を施したりすることにも手慣れた娘の世代の子どもたちにとって、自分の容姿や他人からの視線に対する意識は違うのだろう。自分の子ども時代の価値観が現在も通用するとは限らないことは承知しているのだが、年端もいかない子ども達にも、美容産業の広告が影響力を持ち、ツルツルスベスベの肌こそが美しく、誰もが目指すべきというメッセージが溢れる風潮が、世の中で「当たり前」になっている現状には受け入れがたいものがある。

冒頭から娘のことを話題にするのは、ここ最近とみに私と娘の世代の感覚の違いを、ひしひしと感じるからである。私はといえば四〇代後半に差しかかり更年期を迎え、心身に何かしら不調を抱えている。そう遠くないうちに私は閉経し、娘は初潮を迎えるだろう。私と娘のライフサイクルの中で、生殖機能という身体的な側面を取り上げてみても、バトンタッチをして引き継ぎをする段階が近づいている。親子の関係にとどまらず、私は次世代の人たちに対して、これまでに自分が経験してきたことや身につけてきた知識、ものの見方の中で、何を伝えるべきなのか、あるいは伝えうるのかということを考える時期に差しかかっているのかもしれない。さしあたって娘には、「あなたはそのままで充分に素晴らしいし、世の中には本当に色々な人がいて、それぞれの良さや美しさがある。美容産業が喧伝する狭い美の価値基準に縛られることはない」と、繰り返し伝えたい。また、彼女自身の身体が彼女にとって何よりも大切であること、身体の大切さはあらゆる人においても同様なのだということを時間をかけて学んでいって欲しいとも願っている。問題はそれをどのようにしたら伝えられるのかということであり、そのためには「自分自身や他者の身体の見方を学ぶこと」が必要なのではないだろうかと常々考えている。

私は一〇代の終わり頃から、写真家の活動や作品、写真の歴史に関心を抱いてきた。その大きな理由は、写真が自分では実際には体験し得ない時代や地域、多様な人々の存在やその背景にある社会的状況のことを知り、それらについて考える契機を与えてくれたからである。さまざまな写真を見る経験の中でも、報道や広告のようなマスメディアを通して大量に流通する写真だけではなく、写真集や展覧会というかたちで発表される作品、写真家のパーソナルな視点に根ざして制作された「もの」としての作品に惹きつけられてきた。インターネット上で、SNSなどを介して写真の画像や映像が瞬時に広く拡散する昨今では、開催期間や場所の限定される展覧会や書籍の中でも流通する部数の少ない写真集は、単純に量的な観点から言えば、多くの人の手に届くものではなくなりつつある。しかしだからこそ、主流的・支配的なものの見方とは異なるものの見方——時には、主流的な見方に抗い、異議を唱えるようなものの見方——を表明するための手段にもなり、時間を経て後世に残ることになる。私はさまざまな写真家の作品に接することで複数的な視点から見ることの大切さを学んできたのだと思う。

最近よく手に取って見ている写真家の写真集を例にあげてみよう。ジョージ・ドゥロー（George Dureau、一九三〇－二〇一四）というルイジアナ州のニューオリンズを拠点に活動していた画家・写真家がいる。ドゥローは一九七〇年代から写真を撮り始め一九八五年に一度写真集が刊行されたものの、それ以降は彼の存命中にはまとまった形で作品集として刊行されることはなく、没後に作品集『The Photographs』（Aperture、二〇一六）が刊行された。写真集には、一九七〇年代から一九九〇年代初頭にかけて撮影されたポートレート写真、ヌード写真が収められている。モデルの殆どは地元で知り合った男性で（ドゥローは同性愛者であり、モデルの多くと性的な関係をもったり、長きにわたって交友関係をもち、何度も撮影を続けていた）、アフリカ系アメリカ人、小人症のような先天的な身体障碍者、四肢の一部を切断した人などが含まれる（作品に興味をもたれた方はGeorge Dureauで画像を検索をして頂きたい）。筋骨隆々としたモデルと隣り合わせに、一般的な意味での健常者とは異なる身体的な特徴を備えたモデルの写真が並ぶ。写真集のページを捲るごとに、モデルたちの身体の繊細さと力強さに惹きつけられるとともに、カメラ越しにドゥローと対峙する強い視線が私の方を見ているようにも感じる。モデルたちの堂々とした存在感は、私の中にある美しさや正常さという概念に揺さぶりをかけてくる。

私が食い入るようにこの写真集を見ていると、娘が「お母さんの見ている、裸の男の人の写真、なんなの？」と幾分怪訝な顔をして訊いてくる。彼女の目には、成人男性の、それも外国人の裸体はもの珍しく奇異に映るのだろうか。「アメリカにいる男の人たちを撮った三〇～四〇年くらい前の写真だよ」と応えつつも、私は娘に写真集を見るように促す

ことはしない。私にとっては、ドゥローの作品はそれまでは見たことのない人々の姿に接し、未知の世界への扉を開くものだが、まだ幼い少女である娘は、裸体や障碍者の体を捉えた写真を見て敏感に反応してショックを受けたり、気持ち悪いと感じたりもするかもしれない。私の頭の中にも、「ヌード写真、それも性器が写っている写真は、性表現、ポルノグラフィの範疇に入るものだから、子どもの視界に入らないように保護者として配慮するべき」という世間一般的な考えが過ぎりもする。このように逡巡しながらもまた同時に、この先彼女が成長して身体や性に関することに関心を示すようになったら、親として一体どのように接し、どのようなものを見たり、読んだりするように勧めたらいいのだろうかとも思案してしまう。

世の中には、女性を性的な対象として表象する図像が溢れている。娘がすでに感化されている「ツルツルスベスベの綺麗な肌」を謳う美容産業の広告もまた、女性の身体を「もの」として扱い、その「理想的な状態」を繰り返し消費者の頭の中に刷り込む装置である。意識しなくても視界に入り込んでくるマスメディアのイメージによって、自分自身の身体に対してコンプレックスを植えつけられたり、他者の身体に対してステレオタイプ的な見方・偏見が助長されることもあるだろう。根拠のないコンプレックスや偏見によって苦しんだり、自分自身や他者を傷つけてしまうのはあまりにも無為であり、残酷なことでもある。私が娘に対して、また次世代の人たちに対して「自分自身や他者の身体の見方を学んで欲しい」と願うのは、「見方」を自分自身で選び取ることができるようになれば、自分の中での価値判断の軸となり、植えつけられた思い込みを解きほぐすことにつながる、と考えるからだ。私が写真家の作品に接することで学んできた「身体の見方」には、そういう力があると信じている。

裸のかかとを踏み鳴らし、彼女は今日も声をあげる

女優・石川優実のこと

エッセイ

玖保樹 鈴
KUBOKI Ring

誰かに認めて欲しくて、芸能活動を始めた

女優でアクティビストの石川優実は、一九八七年に愛知で生まれた。芸能界に興味があったことから、小学生の時にモーニング娘。の追加オーディションに応募したこともある、そう教えてくれたのは、初めて彼女と会った二〇一八年夏のことだ。

「その時は書類で落ちちゃって。でも高校三年生の終わりに名古屋でスカウトされました。当時の彼氏が私に『付き合ってることを周りに言いたくない』みたいなことを言っていたんです。彼は私と別れてから、学年で一番綺麗な子と付き合い始めました。二人で下校しているのを見た時『学年で一番綺麗な子は見せびらかしたいんだな』と思って傷ついたし、私は皆が認めるような、綺麗な顔ではないんだと悲しくなって。そこから誰かに認めて欲しい気持ちが芽生えて、芸能活動を始めたという感じです」

最初の仕事は、地元での撮影会モデルだった。しかし、より活動の幅を広げたかったことから、高校卒業後に東京の出版社を廻っての営業を始めた。

彼女がグラビアを披露していた、スイーツを彷彿させるタイトルの「お菓子系」と呼ばれる某雑誌には、ヌードも掲載されていた。ただ、制服を着た女の子たちのグラビアもあったこともあり、「まあいいか」と思っていたと振り返る。

「最初から巻頭グラビアに使ってもらったりして、反響があったんです。でも他の雑誌の仕事はなかなか取

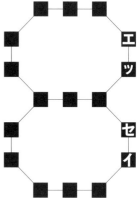

れなくて。今なら『たった数カ月で仕事がいくつも取れる訳はない』とわかりますが、『他の出版社のオーディションに落ちてるんだから、この雑誌で露出を増やしていくしかない』と言われて、『おかしいな。でもそういうものかな』と続けてしまったんです」。

自分の意思で脱いで表現をするのは気持ちいい

それでも二二歳になった頃、所属していた事務所を辞めた。セルDVDの中に、許可していない乳首が映った映像が収録されてしまったからだ。それがどうにも耐えられなかった。しかし、フリーランスとしてオファーがあれば受けた。芸能活動自体を辞めるつもりはなかったからだ。そして程なくして、彼女は「枕営業詐欺」に遭った。

告白したのは、二〇一七年一二月。noteという作品配信サイトに「#MeToo「私も。」」というタイトルで投稿したところ、複数のネットニュースで取り上げられた。一方で彼女には、数々のバッシングも、ネットを介して寄せられた。

「だから一〇年近く、被害を告白できなかったんです。自己責任だと思われるだろうと思ってたので。でも、私が怒ってるのって脱がされたこととか大事な部分を晒されたことじゃなくて、自分の意思に反するものを出されたことと、自分の意思を尊重されていないことでした」

二〇一四年には『女の穴』（吉田浩太監督）という映画の中でセックスする役を演じ、同時期にヘアヌード写真集も出版している。枕営業被害に遭ったあとも、露出がある仕事を続けていたのだ。

「自分の意思で脱いで表現をするのがこんなに気持ちいいんだということを初めて知りました。グラビアはすり減っていく感覚しかなかったけれど、全然違いました。お芝居を続けるのは、グラビアをやっていた自分を消したい思いがあったから。やらなきゃダメだという気持ちに駆られていました。でも#MeTooをしてからは、演技以上に、女性の生き方や女性への差別をなくすための活動を続けていきたくなったし、そういったことがテーマの作品に出たいと思うようになりました。やりたいことをやりたいって言えるようになったのはnoteがきっかけです。書いてよかった」

しかし、この約半年後に彼女が起こしたアクションが、国会議員も巻き込むような大きなものになるとは

――。当時の私にはこれっぽっちも、予想することができなかった。

声をあげたら、友人がいなくなった

私はいつか女性が仕事でヒールやパンプスを履かなきゃいけないという風習をなくしたいと思ってるの。専門の時ホテルに泊まり込みで1ヶ月バイトしたのだけどパンプスで足がもうダメで、専門もやめた。なんで足怪我しながら仕事しなきゃいけないんだろう、男の人はぺたんこぐつなのに。

二〇一九年一月二四日、石川優実はこんなツイートをした。葬儀関係のアルバイトをしていると聞いていたこともあり、私はすぐ賛意を表明した。すると「男もスーツとネクタイをやめたい」などの的外れなメンションがいくつもついたものの、#KuToo なるハッシュタグが生まれ、瞬く間に拡散されていった。そして二月になると彼女は Change.org 上に、「#KuToo 職場でのヒール・パンプスの強制をなくしたい！」というオンライン署名を立ち上げた。

「二日目で賛同者が五〇〇人を超えて、一カ月で一・五万人になりました。最初につぶやいた時は、こんなに賛同者が集まることは想像してませんでした」

このアクションが大きく動いたのは六月三日のこと。集まった約一・八万名（当時）の署名を手に彼女は、厚生労働省を訪れた。すると六月五日の厚生労働委員会で取り上げられ、#KuToo と石川優実は地上波や海外メディアなど、多くの媒体に露出した。

だが七月のある日、石川優実は私に「あれから、友達がいなくなりました」と言った。それまで仲が良かった子に「男性への逆差別じゃない？」「優実ちゃんはフェミニズムを盾にすれば、何でも言っていいと思ってるように見える」などと言われ、その後連絡をとらなくなったそうだ。

六月一一日、衆議院議員会館で開かれた #KuToo の緊急院内集会で、彼女は「これは個人の問題ではなく社会の問題」であり #KuToo は身近な場所から性差別に気づくきっかけになるのでないかと訴えた。そして「被害者の『痛い・苦しい』を嘘だと思って証拠探しをする人たちがたくさんいた。『どこの葬儀会社か突き止めてやる』『嘘つきだ』と言う人がいて会社に迷惑がかかっている。粗探しに力を入れる人がいるが、これでは問題の解決が遠のいてしまう」と続けるうちに、泣き出してしまった。

しかし、涙の理由はバッシングへの怖さではなかったのだ。

「怖かったんじゃない。『嘘つき』ではないことを証明するために会社の資料を出さざるを得なくて、結果的に会社を批判してしまったことが辛かった」

「売名行為」「被害者ヅラ」。女性であること、グラビアタレントをしていることを元にした揶揄も飛んできた。過去のヌードグラビアを探し出し、嫌がらせ目的のように貼り付けるレスもあった。

最初からずっと、意思を持つ一人の人間だった

石川優実はそれまで、男性をたたせることが目的のグラビアを撮られ続けてきた。言ってみれば、性欲を惹起させるための肉体と捉えられていた。

「従順で口答えしない、性欲を解消してくれる血の通ったラブドール。だから手のひらで制圧できる」と思っていたのに。全身で対峙しても手に負えない、とてつもなく大きな存在だったとは――。男性たちはおそらく、恐怖を感じたのだろう。しかし石川優実は最初からラブドールではなく、一人の人間だったのだ。だから当然のように意思を持ち自分の言葉で話し、社会に対して声を上げた。バッシングは彼女を見誤っていた男たちによる、絶叫や失望の礫と言っていいのかもしれない。

しかし石川優実は、決して歩みを止めない。書くことで過去を昇華できるし、自分を晒すことになんの恐怖もないと、実にノンシャランと笑う。

そして今回、彼女は全身を晒した。足を痛めつけるパンプスどころか、軽やかに何もかもを脱ぎ捨てた。

「フェミニストの中にも『脱ぐなんて』と眉をひそめる人もいるけれど、私はそうじゃない。ミソジニストが嫌いなだけで、男性そのものは好きだから。そういう思いは決して矛盾していないってことを表明するためにも脱ぎたかったから、本当に夢のようで」

どれだけ怒りの矢が飛んで来ようと、今日も石川優実は立ち止まることなく歩き続ける。自身の言葉や身体を通して思いを伝え、誰かを変えていくこと。それこそが彼女の #KuToo だからだ。

ふみがわのフェミ短歌塾　第一回

ゆあみして泉を出でし我が肌に触るるは苦るし人の世の衣

与謝野晶子『みだれ髪』

与謝野晶子の第一歌集『みだれ髪』は明治三四（一九〇一）年八月に東京新詩社より発刊された。当時晶子は二三歳であった。与謝野鉄幹とは結婚しておらず鳳晶子名義での著作である。「我が肌に触るるは苦るし」を「わがはだにふるるはつらき」「やははだにふるるはつらき」とする場合もあるが、今回は『与謝野晶子歌集　与謝野晶子自選』（一九四三年岩波文庫）第三九刷の表記に従った。

『みだれ髪』には女性身体を主体的に取り扱う歌が散りばめられている。それらは母性的な女性ではなく、異性愛者としての、性的な女性像である。これが当時の日本の男性たちにどれほどの衝撃を与えたかは、江種満子による論文「『みだれ髪』―女性身体とジェンダー―」（「文学部紀要」一九九八年 文教大学文学部第十一－二号）に詳しい。特筆すべきは、「ヌードのジャンルは、美という錦の御旗を掲げながら、女性だけを裸体にし、女性を身ぐるみ剥いでモデルにし、男性の視線に一方的にさらされる関係に置いている」という記述だ。これは現在でも未だ根強く残っている認識ではないだろうか。男性によって女性の身体は客体化し、そこには「〈見られる〉女性身体」しか存在しえない。それを「〈生きる〉女性身体」へと主体化したのが与謝野晶子であるというのが江種の見方である。つまり、『みだれ髪』において与謝野晶子は自身の身体を再領有したのだと言えるだろう。

　さて、ここで掲出歌に移ろう。「触るる」や「世」という語からは、小野小町の「花の色はうつりにけりないたづらに我が身世にふるながめせしまに」が連想される。本歌取りとまでは呼べないが、この二首を比較してみると面白い。日々の暮らしのなかでいつのまにか衰えていた容姿を嘆く小野小町に対し、与謝野晶子の「我が肌」は瑞々しく、神聖である。湯船を「泉」と表現した点が、この歌の神聖性を強調している。ここで描かれている女性身体は神聖不可侵な存在だ。しかし、その身体に「人の世」はためらわず触れてくる。男性的な社会における女性の息苦しさが表現されているのだ。「人の世」の解釈は様々であろうが、『みだれ髪』が女性の主体的恋愛や性を描き当時の社会に衝撃を与えた歌集であることを踏まえ、ここでは「男性社会」として解釈する。

　この歌は、現在から見ても全く色褪せない。それは優れた技巧によるものが大きいが、現在においてもこの「人の世の衣」が色濃く残っているという理由もあるだろう。「衣」とは男性の視線そのものであり、それは女性身体を客体化し、所有し、支配せんとする視線である。この視線はもちろん女性に対するものが濃いのだが、論者含む男性に対するものも存在している。否、特定の性に関わらずあらゆる他者の身体をたやすく侵そうという視線が、この「人の世」には遍在しているのだ。

　与謝野晶子は自身の女性身体を主体化し、再領有した。同様に現在を生きる我々も自身の身体そして精神を領有し、他者を侵さない「人の世」を生むことが、『みだれ髪』に応える一つの方法であると論者は考える。

　結語に代えて、新たな「人の世」の到来を祈り、僭越ながら与謝野晶子への返歌を記そうと思う。


人の世の衣をぬけ出すその肌に潮風ひとつ吹けばすずしき

二三川　練

なとせ
Natose

#0727 #その後

エッセイ

#190808

一年前のことを思い出そうとすると、頭の回転より先に涙が出てきてしまう。自分の映った報道写真を見て、誰かが残してくれていたスピーチの書き起こしを読んで、やっと脳が動きだす。蒸し暑い夜だった。百均のつっぱり棒で作ったレインボーフラッグ。シュプレヒコール。音が割れたスピーチ。今となってはすべてが遠い。はっきりとは、よく思い出せない。忘れるしか生きていく術がなかった。ずっと心に留めておいたら、死んじゃうんだもん。毎日社会と向き合っていたら、冗談じゃなく、死んじゃうのだ。実際、死んでしまったのだ。

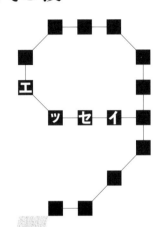

#180718

この日発売された『新潮45』二〇一八年八月号。今更書くまでもないが、杉田水脈は「「LGBT」支援の度が過ぎる」というタイトルで寄稿し、「彼ら彼女ら〔同性愛者〕は子供を作らない、つまり「生産性」がないのです」、「普通に恋愛して結婚できる人まで、「これ（同性愛）」でいいんだ、と不幸な人を増やす」。遡れば二〇一五年に出演したネット配信の番組では、同性愛者の若者の自殺率が平均と比べて六倍高いことに触れた上で「それでも（支援は）必要ない」と言い切った。[1]

#180727

杉田水脈の発言に抗議する自民党本部前デモ。プライドパレードには毎年欠かさず参加していたが、デモは、何だかおっかないと思ってメディアの伝える姿だけをぼんやり眺めていた。けれども杉田の発言は、政治家に傷つけられた初めての体験で、こんなひでえ奴が国を運営する一翼を担っているのかと心底怒り狂っていた。差別に苦しんで死んでいった何人の同性愛者がいると思ってんだ。特大のレインボーフラッグ。絵の上手い親友がすぐに用意してくれた手製のプラカード。出かける支度をし、報道にも上手くアピールしてやろうと意気込んで地下鉄に乗った。そのとき、ツイッターでデモの主催者の共通の知り合いからスピーチをしてほしいと連絡がきた。デモ自体初めて行くのに、スピーチ？　一瞬戸惑ったがすぐ了承した。大学の先生も、政治家も、起業家もいろいろスピーチする中の私。若造だし、大学休学中だし、肩書きなんてないし。でも言えることはいっぱいあるな。原稿は特に用意しなかった。思いついたことを吐き出そう。私は同性愛者だ。お前の発言で傷ついたから言わせろ。怒ってんだ。政治家として、っていうかその前に大人として他者に対して「生産性ない」と言っちゃっていいのかよ。改めろよ。「同性愛は普通じゃない」と言われ傷ついたのは私だけじゃないんだぞ。言いたいことはこんなことだった。謝罪して、撤回して、そして学んでほしかった。「みんな」のための政治でしょ、「みんな」に誰が含まれているのか勉強しなよ。あんたたちが任されているこの共同体に、いったいどんな人が一緒に暮らしているのかを考えなよ。デモのあと、収まりきらない怒りを抱えながら、衆議院会館の前で中指を立ててファックポーズを作って写真を撮ってツイッターに投稿した。こんな議員野放しにしやがって。

#180728

スピーチをネットで見た人、ファックポーズ写真を見た人、全然知らない有象無象から中傷が届きはじめた。

#180805

渋谷駅前で街宣をやると聞いて出かけた。ライター、大学教員、イラストレーター、ジャーナリスト。その中の私。またもや何者？　な状態。性性堂堂という映像配信のチームに入っていたから、ユーチューバーっていう肩書きで紹介してもらった。自分でも名乗り始めたばかりなのに、ユーチューバー。ちょっと恥ずかしいけど、メディアも食いついてくれそうだし、まあいいか。どうせやるなら色んな人に聞いてもらいたいもんね。同じく手製のフラッグと、今回は選挙カーみたいなトラックの荷台にあげてもらって、トップバッターでスピーチした。永田町のときよりは落ち着いて喋れた。交差点を行く人、スタバの窓から、山手線の中からこっちをジロジロ見ている。うるさいかもしんないけどさ、あんたたちの友達も死んじゃう気持ちでいっぱいかもよ。黙ってなんもしないよりは、ちょっとでいいから聞いてほしいな。

#180811

同棲相手の家から実家に戻ることになって、荷物を全部まとめてヤマトで送った。元々一月に体調を崩して三カ月間の療養と診断されて、大学を休んでいたのだが、彼女の家ではうまく静養できなくて、前々から実家に帰ることにしていた。精神的な病気のことだったから、うまく伝えられなくて、交際関係も悪化する中で、出戻りの引越し。学校にもバイトにも行けない生活。もちろん就活なんかできるわけない。そうして困窮を極めている中での今回のデモの参加とそのあとのネット中傷。そんな状況なんだから、

無視すりゃよかったんだろうけど、便利な通知機能とつい気になって見てしまう行為は毎時私の心をえぐり取っていった。全然知らない人が、なんでこんな頭から私のことをバカにしてくるの？　何か言いたいことあるなら私にじゃなくて世の中に言いなよ。そのためにツイッターとかやってるんじゃないの。反日？　左翼？　在日？　政治利用されている？　見当外れ？　大人に操られている？　若いのにかわいそう？　ビッチ？　どっからその言葉出てきたの？　私の何を見てそこまで私を傷つけるの？　どうして知り合いもしていないのに最初からわかり合えないの？こんなに議論の余地がある問題に、私個人のふるまい一つへの否定をしてばかりで、話し合うことすらできない。ただ私の容姿を否定し、私の親を馬鹿にし、年齢を引き合いに出して。

#180926

どうでもよくなった。大学四年生。あと八単位取れば卒業できるというところで退学した。私は、お笑い芸人をやっていた。杉田水脈も、その肩を持つ人たちのことも、どうでもいい。漫才日本一を決めるコンテストで、初めてネ

タを披露して一回戦を勝ち進んで大喜びしていた。ネタには病気のこと、学校のこと、デモのこと、ましてや自分が同性愛者であること、どれも一言も入れなかった。それまで頭を埋めていた全部から離れて楽しくお笑いをしていた。と思っていた。

#181010

夜。睡眠薬を一七錠飲んで自殺未遂をした。世間から遠ざかり、目をふさぎ、耳をふさぎ、お笑いをしていても、やはり私という個人は社会から強く影響を受けているんだろうと思う。やっぱり生きていけないや、と思ってしまったのだ、たぶん。なんで「たぶん」なのかというと、死ぬ方法を見つけたあとは、特に思考していなかったから。社会を変えられないなら、自分がこの社会から離脱してしまえばいいのだ、さようなら。こんなふうに。

#190808

そういうことをしてしまったのを、書くのは、パフォーマンスみたいで本当に嫌だ。病気のことも、退学したことも、死を選んでしまったことも。できるなら誰にも知られたくない、ましてや真似なんかされたら元も子もない。私も結局、生き延びてしまった。タン壺みたいな掃き溜めゴミ社会。この社会との接点はお笑いにシフトさせた。というか、社会と向き合うなんて私にはそんな壮大なことはできないって、わかった。社会、社会、社会、社会。真正面から戦っていたら死んじゃう。やってらんないよ、死にたくなるよ。だから社会じゃなくてあいつ、あいつ、あいつ、あいつ。許さない。笑いにも色々あるのだけれど、大爆笑っていうのより、フフっと思わず笑っちゃうようなのを目指している。プっと吹き出したその瞬間のゆるんだ心の隙に、にぎりこぶしを叩き込んでやりたい。個人的な復讐だから、社会を変えられるなんて思ってない。そんなこと思って生きていくのはやめた。私は私のやりたいようにする。

#**0727

仕事を終えた杉田水脈がパッとテレビをつける。漫才をする私が出ている。フフッと笑う。勝ちだ。これでいい。私に笑わされていることを思ってみてよ。あんたが生産性ないって切り捨てた私だよ。

1 https://www.youtube.com/watch?v=Ci5-FYrrx7U 【日いづる国より】杉田水脈、LGBT支援論者の狙いは何?

エッセイ 10

夫婦別姓訴訟の原告になる

想田和弘
SODA Kazuhiro

僕と妻の柏木規与子は、一九九三年からアメリカのニューヨーク市に住んでいる。一九九七年一二月には、ニューヨーク市役所で結婚した。アメリカでは夫婦が同姓か別姓かを選べるので、迷わず別姓を選択した。

それにはいくつか理由がある。

まず、僕も柏木も、自分が生まれ育った姓に愛着があり、結婚によって変えたいとは思っていなかった。

また、姓を変えたらパスポートをはじめとしてあらゆる書類や登録を変更せざるを得なくなり、その手間を考えるだけで気が遠くなった。

それに、僕は映像の世界で、柏木は舞踊の世界で仕事をしてきたので、姓を変えたらキャリア上もいろいろと不都合や損失が生じるように思えた。

しかし僕にとって最も大きかったのは、僕らの結婚観との齟齬である。

どちらかの姓に統一することには、企業でいえば「吸収合併」のような趣がある。名前を残す方が「主」で、変える方は主体を解体して融合するような感じ。

だが、僕らは結婚によって同化するのではなく、お互いの人格や歴史の違いを維持し尊重しあいながら、それでも力を合わせて仲良くやっていくことを目指していた。そしてそういう結婚観には、どうしても同姓よりも別姓の方がしっくりきたのである。

折しも、一九九六年には法務省法制審議会が選択的夫婦別姓の導入を答申していた。だから僕らは、数年以内には日本でも夫婦別姓制度が導入されるだろうと思っていた。したがって結婚後も、日本の役所への届け出は法改正後にしようと考え、届けずにすませていた。

ところが待てど暮らせど、日本の法改正は実現しない。そのうちに二〇年以上が経って、今に至るわけである。

今回の訴訟は、僕がアメリカで別姓のまま結婚した事実についてフェイスブックに投稿したのがきっかけで始まった。僕の投稿を読んだ別姓訴訟弁護団の打越さく良弁護士が、「訴訟の原告にならないか」と持ちかけてくださったのだ。

弁護団の説明を聞いて、ちょっとびっくりした。

僕らは日本では届け出をしていないので事実婚だと思い込んでいたのだが、日本人が海外で結婚する場合、現地の法律に基づいて婚姻が行われれば、国内でも婚姻は成立しているとみなされるため、実は僕らは法律婚なのだそうだ（法の適用に関する通則法第二十四条）。

ところが同姓でなければ夫婦の戸籍は作成されない（戸籍法第六条）。したがって僕らは法律婚した夫婦であるにもかかわらず、戸籍上で婚姻関係を証明することができないのだ。これはどう考えても法律の不備である。結果、相続や納税などの手続きで、様々な不利益や困難を被りうる。

そこで今回の訴訟では、僕と柏木が法的に婚姻関係にあるということを、裁判所に確認を求めることにした。同時に、この法の不備は結婚の自由を定めた日本国憲法第二十四条違反に違反するとして、国に対して慰謝料を合計二〇万円求めた。

国を相手取って訴訟を起こすことに、一抹の恐怖とためらいを感じなかったといえば嘘になる。しかし日本には、お互いの姓を維持したいがために事実婚を選択したり、通称で仕事をしたりして、様々な不都合を抱えているカップルが大勢いることも知っていた。これは決して個人的な争いではなく、公共的な意味を持つ訴訟なのだとの考えが、僕ら夫婦の背中を押した。

ここで強調しておきたいのは、選択的夫婦別姓制度が導入されても、誰の権利も利益も侵害されないということである。夫婦同姓を望むカップルは、これまで通り同姓を選択できるからだ。

日本国憲法第十三条には、こう書いてある。

「すべての国民は、個人として尊重される。生命、自由及び幸福追求に対する国民の権利については、公共の福祉に反しない限り、立法その他の国政の上で、最大の尊重を必要とする。」

「公共の福祉に反しない限り」というのは、「他者の権利を侵害しない限り」という意味だ。つまり選択的夫婦別姓制度を求める僕らの要望は、「立法その他の国政の上で、最大の尊重を必要とする」と、憲法にも定められていると読めるのである。

問題は、他人の自由や権利が拡大すること＝自分の不利益だと感じる人が、案外多いということである。

訴訟を提起して以来、僕のツイッターには様々な反対意見や嫌がらせが集まってきた。いわく、「家族の絆が崩壊する」だの「子供がかわいそうだ」だの「日本の伝統文化が崩壊する」だの。

明治以来の習慣を「日本の伝統文化」だと言うのは変だし、「子供がかわいそう」「家族の絆が失われる」と思うのなら、ご自分は同姓婚を選択すればよいわけで、僕らにとっては余計なお世話である。論拠としてあまりにも説得力が薄い。

とはいえ、そういう主張は、実は彼らの本音を隠すための隠れ蓑であるようにも感じられる。では何が本音であるかといえば、やはり男性優位の社会を変えたくないのではないか。

日本の法律では、婚姻の際に男女のどちらの姓を選んでもよいことになっているが、実際には九割以上のカップルが男性の姓に統一しているそうである。つまり「結婚の際に姓を変えるのは女性であるべきだ」という暗黙の了解が、日本社会に存在するわけだ。

その裏返しとして、姓を変えた男性は「婿養子」と呼ばれて、なんだか一段低く見られて差別されている。逆にいうと、姓の変更を余儀なくされる多くの女性は「婿養子」みたいな地位に置かれているわけだ。

選択的夫婦別姓制度に反対する人は、そういう男性優位の状況を一ミリも変えたくないからこそ、反対しているような気がしてならない。だからこそ他人の結婚の形にまで口を出したがるのであろう。

僕は日本の主権者の一人として、「一億分の一の責任」を果たすように心がけている。この訴訟が、日本社会の個人の自由と権利を増進すると同時に、男女間の不平等を少しでも是正することに役立つことを、心から願わずにはいられない。

二〇一九年夏の参議院選挙では、先述の打越弁護士が野党統一候補として新潟選挙区で出馬し、自民党現職の塚田一郎氏を破って当選した。選択的夫婦別姓の実現に大きな弾みがつくであろう。

内閣府が二〇一八年二月に公表した世論調査では、選択的夫婦別姓制度の導入に向けた民法改正に「かまわない」と答えた人の割合は「四二・五％」となり、反対（二九・三％）を大きく上回った。

そうした世論を受けてか、参院選に際して開かれた党首討論では、選択的夫婦別姓について、安倍晋三自民党総裁以外のすべての党首が賛意を示した。そして安倍総裁は、自分だけが選択的夫婦別姓に反対であることが浮き彫りになったことに対して、「印象操作だ」と抗議した。安倍氏自身、自党の主張が世論から乖離していることを、相当気にしているのであろう。

潮目は変わったように感じている。あともう一息、なのだ。

ちなみに、夫婦別姓弁護団の弁護士さんたちは、完全に手弁当である。カンパは下記で受けつけているそうなので、共感してくださる方はぜひともご支援を。

ゆうちょ銀行
店番：019（ゼロイチキュウ）
預金種目：当座
口座番号：0451506

三菱UFJ銀行　京橋支店（店番023）
普通預金口座：0688578
口座名義：別姓訴訟を支える会（代表福沢恵子）

初出『女たちの21世紀』（No.95／2018.9）に掲載された内容に加筆修正を加えました。

エッセイ

魔女たちのスープ

新行内美和
SHIGYOUCHI Miwa

今、欧米のフェミニズム界隈では「魔女」が再び熱い。

「魔女」が始まるのは「絶望の時代からだ」と言ったのは、一九世紀フランスの歴史家、ジュール・ミシュレだったが、今、私たちは新たな「絶望の時代」を迎えているのだろうか。

一九七〇年代、世界中でウーマン・リブ旋風が巻き起こっている中、フランスで一冊の文芸雑誌が誕生した。タイトルは、魔女を意味する『Sorcières（ソルシエール）』だ。創刊編集長のグザヴィエール・ゴーティエによれば、このタイトルはミシュレの『La Sorcière（魔女）』（一八六二年）へのオマージュなのだという。それは、『語る女たち』（一九七四年）でゴーティエのインタヴューに応じている作家、マルグリット・デュラス（一九一四－一九九六）の愛読書でもあった。たしかにデュラスは、自身のエッセイや対談など、あちこちでミシュレの著書を礼賛している。

ミシュレは、魔女たちがこんなふうにして生まれたんだと言っている。中世では、男たちが領主の戦争や十字軍に行ってしまって、女たちは、ひとりぼっちで、ぽつんと田舎に残っていた。何カ月も何カ月も、森の中で、彼女たちの掘っ建て小屋の中でね。そんなふうに、孤独から、今や私たちには想像もつかないような孤独から、彼女たちは、木々に、草花に、野生の動物たちに話しかけはじめた。つまり、入りはじめたというか、なんて言ったらいいのかしら？　自然との相互理解をつくり出しはじめた。再びつくり出しはじめたというわけ。先史時代にさかのぼれるような相互理解を、こう言ってよければ取り戻しはじめたのよ。すると、彼女たちは魔女と呼ばれるようになって、火あぶりにされてしまった。（舛田かおり訳『マルグリット・デュラスの世界』より）

魔女たちの孤独は、デュラス自身が経験した孤独でもあった。彼女は、他の女たちのことを語るとき、その彼女たちの中に自分自身も含まれているのだ、と言う。そして、それはまるで彼女たちと相互浸透しているかのようなのだ、と。作家はいったいどんな孤独の中で、沈黙の沼に潜む女たちの声を掬い取っていたのだろうか？　雑誌のタイトル『Sorcières（ソルシエール）』は、ミシュレ版の『La Sorcière（ラ・ソルシエール）』とは異なり複数形の「魔女たち」である。魔女はもうすっかり孤独な状況（solitaire）を抜け出し、今や互いに連帯して（solidaire）いるのだぞ、というわけだ。

『Sorcières（ソルシエール）』は、一九七五年末の創刊から一九八二年の休刊までの間に二四号が刊行された。副題は「Les femmes vivent（女たちは生きる）」。ゴーティエは創刊号のマニフェストの中で、この雑誌が「女としての特性とパワーを活かして闘う女性、探求する女性、発言する女性（書く、歌う、演じる、撮る、踊る、描く、絵画、彫刻など、何かを創作する女性……）、すべての女性たちにとって、ひらかれた場であるように」と、願いを伝えている。「女としての特性とパワー」とは、女神的な聖なる神秘の力などではなく、ただ「女の領域」で目覚める力、クリエイティブな活動を通して花開いてゆく力なのだと言う。『Sorcières（ソルシエール）』は、多くの女性たちにとって、まさにその力を発揮する場となった。毎号、一つのテーマのもとに、さまざまな女性たちがさまざまな媒体を使って表現をした。それら

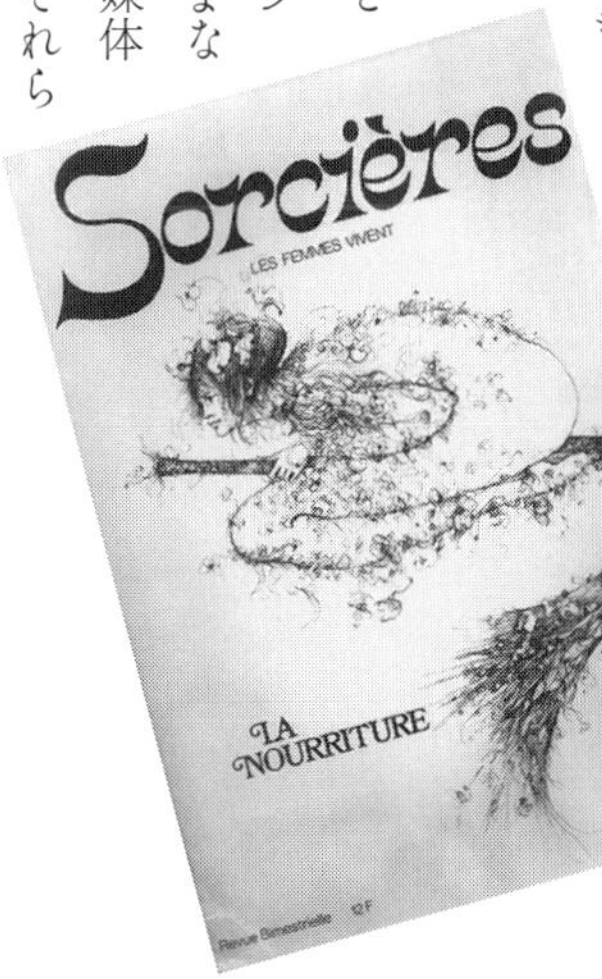

『Sorcières』創刊号
（Éditions Albatros刊、1975年）

のテーマは、「声」「穢れ」「香り」「子ども」「人形」「衣服」「欲望」「死」「妊娠」「売淫」「血」など、女性にとって身近な、または切実なものばかり。創刊号のテーマは「食べもの」だった。表紙のイラストはレオノール・フィニ（一九〇七―一九九六）。ホウキに乗った魔女が描かれている。

先出のマルグリット・デュラスもこの雑誌にいくつかの短いテクストを寄稿している。そのうちの一編「ポロネギ・スープ考」をここに紹介したい。

「ポロネギ・スープ」は、フランスではおなじみの家庭料理だ。それはたしかに「わびしく、みじめ」なスープかもしれないが、「フランス料理の中で、ポロネギ・スープの単純さ、必要性に匹敵するものはない」と作家は断言する。もったりとして、ぼんやりとした野菜のこのスープを、子ども時代に好きだったという大人は少ないだろう。親たちはなんとかして我が子にもうひと匙食べさせようと、「パパのためにもう一口」「ママのためにもう一口」「スープを食べると大きくなるよ」などなど、あらゆる口実を並べ、しまいには「スープを食べおわるまで席を立ってはいけません！」なんて強要したりするのだから、もしかしたらつらい思い出として記憶されているかもしれない。それは、「フランスの田舎のレストランの「野菜スープ」という共通の遺産のなかに入る」料理であり、誰でもレシピを知っていて、簡単に作ることができ、そして「多くの場合、無視されている」料理。デュラスによれば「フランス女性はみな野菜とスープを煮すぎる」のだそうだ。「火のうえにかけっ放しにして忘れたり」するのは厳禁。あるいは、愛情たっぷりのはずのスープが、いつの間にか執念のこもった毒入りスープに変わっていた、なんてことがないように、頃合いをうまく見きわめるべし。何より「ポロネギ・スープがみずからのアイデンティティを失ったりしないように」気をつけなければならない。作家は想像する。

それはどこか西の地方で、ある冬の夜に、地方のブルジョワ階級のまだうら若き女性によって発明されたに違いない。彼女はその晩、油っこいソースにへきえきしていたのだ［…］体は幸福感とともにこのスープを呑みこむ。いかなる曖昧さもない。それは栄養をつけ温めるためのスープ、ラード入りのガルビュールではない。いや、肉汁を使わないさっぱりさせるためのスープである。体はそれをがぶ飲みして洗浄され、すっきりする。新緑。（佐藤和生訳『アウトサイド』）

デュラスの忠告にしたがってためしてみたレシピがこちら。心と身体をデトックスさせ、「絶望の時代」をしなやかに乗り切るための魔法のスープだ。

材料：
じゃがいも500グラム、長ネギ1本（しっかりと太めのもの）、玉ネギ半分、水1リットル、ブイヨンスープのもと半分、生クリーム大さじ2杯、塩、こしょう少々

①じゃがいもは皮をむいて乱切りにしておく。長ネギ、玉ネギはざく切りに。
②お湯を沸かし、ブイヨンスープのもとを溶かしておく。
③玉ネギ、じゃがいもの順に入れて茹で、火が通ってきたら長ネギを加える。
④塩、こしょうをして、中弱火で15分程度そのまま火にかけておく（ぜったいに20分以上煮込まないこと）。
⑤野菜をつぶし、2回ほど丁寧にうらごしをする。
⑥フレッシュクリームを加えて完成。

スープのもとは入れなくても充分美味しいけれど、入れると全体がちょっぴりひきしまる気がする。うらごしをするのが面倒な場合はミキサーを使用してもOKだが、混ぜすぎると泡立ってしまうので注意。生クリームがくどいと感じる場合は牛乳か豆乳に変えても良いだろう。逆に濃厚にしたい時は上質のバターを添えて。変化が欲しい時は、オリーブオイルを垂らしたところにミルで挽いた黒こしょうをパラリと浮かべて、アクセントをつけよう。パンやクルトンと一緒に食べるのもおすすめ。あたたかいうちに、ボナペティ！

［参考資料一覧］
ジュール・ミシュレ『魔女』（上・下巻）篠田浩一郎 訳、岩波文庫、1983年
マルグリット・デュラス、グザビエル・ゴーチェ『語る女たち』田中倫郎 訳、河出書房新社、1975年
マルグリット・デュラス、ミシェル・ポルト『マルグリット・デュラスの世界』舛田かおり 訳、青土社、1985年
マルグリット・デュラス「ポロネギ・スープ考」『アウトサイド』佐藤和生 訳、晶文社、1999年
“Les Sorcières sont de retour”, Entretien avec Xavière Gauthier et Danièle Carrer, propos recueilli par Jeanne Burgart Goutal, in “*Multitudes*” no. 67 (2017/02), p.90-93.
“Sorcières, 1976-1981. Etudes d’une revue féministe”, Caroline Goldbrum, Master 1, Université de Lille 3, (dir. Florence Tamagne), 2009

ファサードには、ストリートアートの女王
Miss. Ticの作品も。

所だって、LGBTQ文化の中心地であるマレ地区とはずいぶん離れている。「たしかにインターネットの台頭で状況は変わったわね」とおっしゃるクリスティーヌさんだけれど、開店以来、特に大きな危機もないまま15周年を迎えた。移り変わりの早いパリで同じことを続けるのは並大抵ではないと思うのだけれど、ご本人はきわめて穏やかで、たんたんとしていらっしゃる。書店を訪れる人々にすらすらとアドバイスをするようすは、なんとも頼もしく、リピーターが多いのもうなずける。きっと人が好きでたまらないのだろう、「出会いの場所を作りたいから」と、作家をかこんでのソワレをよく開くという。その頻度を尋ねると、これまた、なんでもない調子で「週に2回」とおっしゃる。計算すると、今までに約500回も、作家を囲んでの新刊発表会などをオーガナイズしてきたことになる。訪れたゲストの中には、アメリカの高名な哲学者ジュディス・バトラーの名前も。 1970年からフェミニストとして活動してきたクリスティーヌさんに、フランスのフェミニズムの変容について聞いてみると、あっさりと「特に変わったことはないわね」とおっしゃる。フェミニズムの動きは、現代の若者に確実に受け継がれているよう。ボーヴォワールの『第二の性』も若い人がコンスタントに買いに来るので、書棚に欠かすことはないのだそう。

Adresse:102, rue de Charonne 75011 Paris

女性の心と体にまつわるエッセイ、女性政治家へのインタビュー集、
女子サッカーから見えてくる性差別についての本なども。

Les Simones à Paris
パリのシモーヌたち

№ 1

クリスティーヌ・ルモワーヌさん
パリのフェミニスト書店「Violette and co」創設者

文・写真
アトランさやか

パリには700軒ほどの書店がある。その中で、フェミニズムやLGBTQを専門として活動しているほぼ一軒の書店が「Violette and co」。その名前の由来は、シモーヌ・ド・ボーヴォワールとも縁の深い小説家のヴィオレット・ルデュックだ。クリスティーヌ・ルモワーヌさん、カトリーヌ・フロリアンさんふたりの創設者が2004年に始めたこの書店。今では、国内やヨーロッパのみならず、世界中から人々が訪れる。扱っているのは、小説、女性問題を扱ったエッセイ、美術、雑誌、漫画、それにユニークなメッセージが書いてあるポストカードやDVDなど多岐にわたっている。棚には、読んでみたいと思わせる本があまりにたくさん並んでいて、めまいがしてきそう。「ステレオタイプではないものを選ぶようにしています。流行はいっさい気にしません」とクリスティーヌさん。本が売れない中、時代にこびることなく、個人的な視点で選んだ本を扱う書店が生き残っている理由はどこにあるのか。場

女同士で子育てしたら

小野春

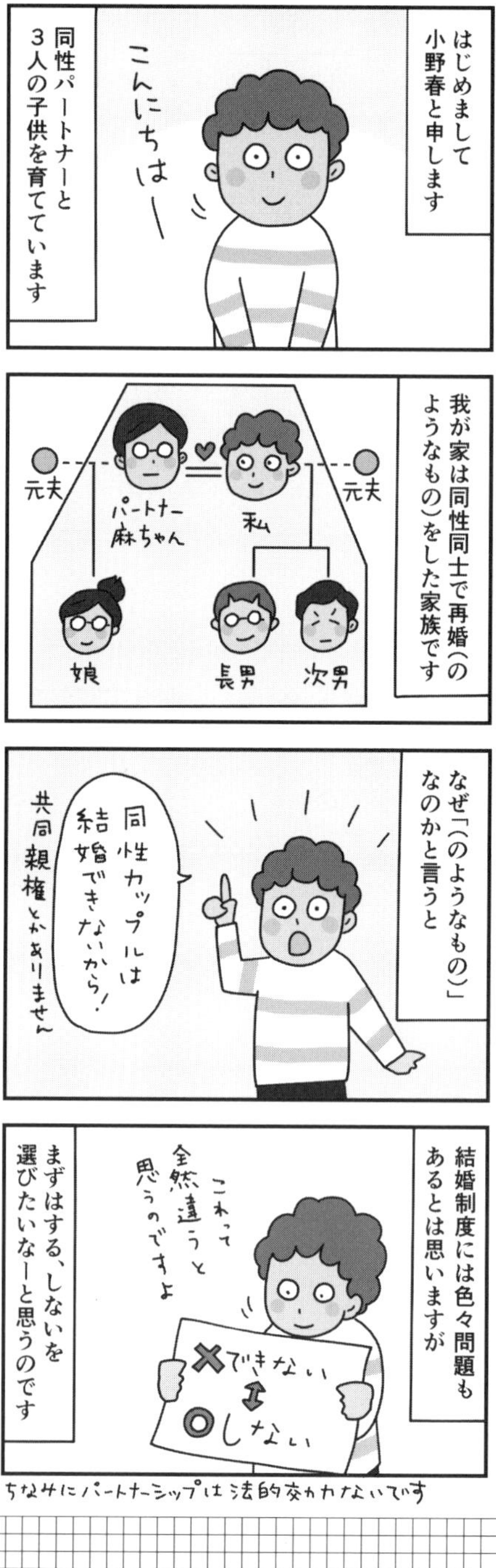

ちなみにパートナーシップは法的効力ないです

パートナーは、女ながら
だいぶ親父っぽい人ですが
どうも麻ちゃんです
性自認は（一応）女
パートナー
麻ちゃん(40代・女)
でも家事育児に対しては
とても敷居が低い
若き日の麻ちゃん
パパパ
おしり
自分が主体的にやるものだと
思っているなーと思います
元夫は家事も育児も
やる人でしたが
元夫
まぁ〜いいパパねぇ
アラアラ
周囲の対応も違う…
こういう時に「女として」
育てられてきたのだなあと
感じます
「女」ってなるものだなぁ

「第1回わんぱく相撲女子全国大会」を観に行く

文・絵
和田静香

八月最後の日曜日、東京・葛飾区の奥戸総合スポーツセンターエイトホールで、小学生の相撲大会「第1回わんぱく相撲女子全国大会」を見た。

いきなり、相撲ですか？　はい、そうです。私としては胸を張って相撲を取り上げたいが、もしやフェミニズムの世界において相撲は評判が芳しくないかもしれない。何せ女人禁制だ。頑なな相撲協会の態度に、とんでもない、と思われているかもしれない。

しかし、これまで両国・国技館で開催されていた「わんぱく相撲全国大会」が、場所を変えて開催することで、地方予選を勝ち上がっても全国大会に出場できなかった女子が初めて全国で戦えることになったんですよ！　と言えば、ウエルカムしてもらえるだろうか？

いや、その前に、そもそもアマチュア・スポーツとしての女子相撲という競技があること、それ自体が知られているだろうか？　今から二二年前の一九九七年に本格的に始まった日本の女子相撲だが、どれほど認知されているのだろうか？　競技人口は全国で六〇〇人。まだまだ、これからのスポーツではある。

それでも残暑の厳しいこの日は、地方予選を勝ち抜いた小学四～六年生の女子一五二名が全国から集まった。地域のスポーツセンターである会場は選手とその親御さんらでごった返し、果たしてどこから取材したら？　とウロウロしていたら、壁に貼られたそれぞれの目標を書いた色紙が目に入った。そのほとんどが「お父さんお母さんありがとう」といった〝感謝〟を記すなか、「優勝目指して頑張る！」と書いている子がいて、この子に会いたい！　と思ったら、目の前にいた。

函館から来た洞内《ほらない》茉実《まみ》選手、五年生。照れて身体をギュッと硬くしながらも「優勝したいです」ときっぱり言う。お兄ちゃんが相撲をやっていて、自分も一年前から始め、相撲を取るのはまだ怖いそうだ。残念ながら一回戦、ほぼ同じ体格の選手と投げの打ち合いになり、下手投げで敗れてしまった。惜しかったなぁ。そして、洞内選手と一緒に居た身長一四〇センチの四年生、小玉凜《こだまりん》選手も一回戦に寄り切りで敗けたけど、試合後には「全国は強いなと思いました。これからも相撲は続けます」と言う。負けも彼女たちにとっては、一つの通過点だ。

引率していたコーチによれば、二人とも函

館予選では一位だったが、函館の女子相撲の競技人口は一学年で三〜四人。全国レベルになかなか追いつかないのだという。それでも彼女たちは「全国で勝ちたい、優勝したい」と言い、女の子が相撲を取って「すごいわね」で終わらないのだ。たとえ競技歴は短くとも、勝つために練習をし、戦って全力を尽くす。そこは男子の相撲と全く変わらず、勝負に一生懸命だ。

　そんなだから、試合は小学生と言えど白熱していた。審判の「はっきよい！」の掛け声と共に素早く立ち上がり、当たりも強くしっかり攻めていく。しかも、どの子も自分がどう攻めるのか、自分の得意な型は何かを分かっているのがすごい。当日の中継で解説をしていた元世界ジュニア・チャンピオンの今《こん》日和《ひより》さん（立命館大学）は、「四年生からみんな、自分の相撲を持っていて、しっかり稽古をしているのが分かります。私は小学一年生で相撲を始めましたが、その頃はただ押しかできなかった」と話していたのが印象的だった。今さんが相撲を始めた一五〜六年前と今では、女子相撲が少しずつでも競技として進歩しているのが分かる。

洞内茉実選手（手前）
函館チーム

　その進歩は尽力する人の力があってこそで、静岡県では元アマチュア相撲の選手だった下村勝彦さんが女子相撲の育成に取り組み、過去、世界チャンピオンや全日本チャンピオンを次々輩出、今の女子相撲のレジェンドと呼ばれる選手の多くが静岡県出身だ。静岡県はこの日もしずおかA、B、焼津の三チームを送り込んできて、六年・柳川帝那《やながわてぃな》選手、五年・西島実冬《みゆう》選手、四年・鈴木さくら選手の、優勝候補三選手に注目した。

　まずは四年生の鈴木選手、大きな体を生かして一、二、三回戦と順調に勝ち上がった。

西島実冬選手
しずおかAチーム

三回戦の相手、千葉の保坂樹奈《じゅな》選手はレスリングのジュニア全日本チャンピオン。鈴木選手に負けた保坂選手は「相撲は難しい。来年は出るかどうかわからない」と言っていた。そして鈴木選手は四回戦で、小柄ながら実力者の、東京の田中結《ゆい》選手に足を取られて敗退。女子相撲はたとえ小学生でも、他競技での強さや体格だけでは測れない奥深さ、そしてし烈なライバル争いがある。

　五年生の西島選手は小柄な身体を生かし、大きな相手にくるくる良く動いたが、最後は背中を取られて押し出されて二回戦敗退。キリッとした顔で土俵に上がり、土俵下では笑顔が可愛い。しかし、そう彼女に言ってしまってから後悔した。女子アスリートへ安易に言いがちな「可愛い」は、果たして誉め言葉だろうか？

　三人目は六年の柳川選手。わんぱく相撲では親御さんの応援がものすごいが、柳川選手のバングラデシュ人のお父さんや家族みんなも大声援だ。結果、下半身を生かした相撲で六年生三位になった。今や両親のどちらかが外国人の子供は多い。日本はすでに移民の国だ。そうした子供たちが「相撲をする」ことで尊敬されたらいいな、と思う。柳川選手は中学に行っても相撲を続けるつもりだそう。

　ところで、アマチュア相撲には行司ではなく審判がいる。大方は男性だが、今回その中にただ一人、女性の審判がいた。浦嶋孝子さん。六六歳。元々、夫の浦嶋三郎さんが審判をしていて、夫についていくうちに興味を持って勉強をして審判になったそうだ。まだ日本では女性の審判は二〜三人しかいない。女子相撲の発展には女性審判が増えることも大事だ。

　そして、朝九時から始まった大会も、午後四時を過ぎて準決勝、決勝が各学年で行われた。六年生で優勝したのは沖縄・伊江村《いえそん》から来た島袋心海《しまぶくろしんか》選手。圧倒的に強かった。相撲が盛んな沖縄で、彼女はこれまで男子と戦って地区予選に優勝するほど強く、わんぱく相撲最後の参加となる六年生で女子日本一の座に輝いたのは当然と言えば当然。中学へ進んでも相撲を続けると話していたが、実は女子相撲、小学生の競技人口が一番多く、中学～高校と年齢が上がるにつれて減ってしまうのが現状だ。思春期になると「恥ずかしい」と本人が思い込まされるような誤解や偏見がある。今回の大会ポスターのモデルにもなった、元世界チャンピオンの野崎舞夏星《まなほ》さんは、「例えば私がTVで紹介されると、好きでもないパフェが好物！　といった撮られ方をします。残念ですが、今はそういうやり方になります」という。「女の子らしさ」の演出で親和性を盛るのだ。でも、野崎さん自身、今年メディア関係に就職して女子相撲を伝えていきたいと考えている。

「去年ロシアでの大会に参加したんですが、大きな会場を暗くして土俵だけにスポットライトを当て、BGMが流れ、土俵の上にはスクリーンがあってスローモーションが流れる。そういう伝え方を日本でもやれたら、もっと女子相撲に興味を持ってもらえるんじゃないか？　と考えています」

女子が相撲を取る、というと映画『菊とギロチン』（二〇一八年公開）などに描かれた明治～昭和三〇年代頃の興行女相撲を思い浮かべる人もいるかもしれないが、あの世界とは違う女子相撲が始まっているのだ。かつての女相撲は「男相撲の女性版であり、男性ジェンダーをふるまう姿を観客に示す、越境的なもの」（『女相撲民俗誌』亀井好恵著）とされたが、今はジェンダーを越境する必要などみじんもない、女性オリジナルのスポーツ競技としての女子相撲が進化し続けている。

島袋心海《しんか》 選手
沖縄チーム

興味があり、動物の生態系や森林について勉強したいんです」と目をキラキラさせながら語りはじめた。

女性が少ない理系かつ受験生ということで、2018年に起こった医学部不正入試問題についてどう感じたのか、どうしても聞いてみたかった。

「新聞切り抜きをはじめたころ、このニュースが出てきました。しかも、何度もとり上げられていたので女性問題を扱おうと思ったきっかけになりました。大学で勉強したいという強い気持ちをみんな持っているのに、性別で夢が途絶えてしまうのはひどいと思うし、本当に悲しかった」

その切り抜きで、特に思い入れがあるのは#MeToo関連の記事。テレビでとり上げられない女性へのインタビューで語られる言葉は強く印象に残ったという。

「オレンジで色分けしたところは、被害にあった人に寄り添ってサポートする#WithYouの記事なんです。これはニュースでも全然やってなかったので、絶対に入れたいと思いました」

#MeTooや#WithYouはツイッターではじまったムーブメントだ。SNS利用について尋ねると「スマホを持ちはじめたばかりのころはツイッターをやっていたけど受験前なので今は止めています。リアルタイムで社会情勢を知ることができて便利だけど、どうしても楽しい情報ばかり気になってしまうので、消してしまいました」と照れながら話してくれた。SNSは大人でも自分の興味のあるものだけフォローしているとその世界がマジョリティだと思いこんでしまいがちだ。もしかしたら彼女は直感的にそんな時代を危ぶみ、新聞という媒体を選んだのかもしれない。

コンクールから数カ月経った現在は紙ではなくスマホなどで新聞を購読し、気になった記事は印刷して母親と意見交換をしているという。「スマホは読みやすい分、興味のある記事ばかり読んでしまう。紙の新聞は、はじめ文字が詰まっていて読み難い印象があったけど、1カ月読んでみると、興味のなかった政治のことなんかで分からなかったことが、翌日読むと理解できることが多かった。それが紙の良さだと思う」と、電子版と紙の違いもしっかり分析していた。

コンクールの表彰式では「女性問題はまだまだ絶えないと思うし、有権者ではないけれど、自分が活動できる年齢になったら、自分がとり上げたような悲しい事件がないような社会にしていきたい」とスピーチした。司会を担当していた東京新聞・読者部の井上圭子さんが涙が出るくらいうれしかったと声をかけてくれたという。

「大学に進学したら絶滅危惧種の研究をして、国立科学博物館で働くという夢があるんです」と笑顔で教えてくれた。また、東京でしか開催されていないレインボー・プライドやフェミニズムの活動にも参加したいそうで、好奇心にあふれた彼女の姿がまぶしかった。

子どものころから自然とふれあって育ち、木登りなど高いところが大好きだったという相野谷さん。そんな彼女に、アメリカの海洋生物学者レイチェル・カーソンの『センス・オブ・ワンダー』から、この言葉をエールとして贈りたい。

〈「知る」ことは「感じる」ことの半分も重要ではないと固く信じています〉

（取材・文・写真：編集部）

東京新聞主催の「第16回新聞切り抜き作品コンクール」、高校生の部で最優秀賞を受賞した岩瀬日大高校（茨城県）ソーシャルメディア部の相野谷叶乃《あいのやきの》さん（受賞当時2年生）。そのテーマは「声を上げる～女性差別がなくなる社会に向けて～」。17歳の高校生はどんな思いでこの主題にとり組み、どんな未来を思い描いているのだろう？

夏休み前の7月、期末試験が終わったということで部活の顧問・時杉博人先生のサポートで彼女に話を聞かせてもらえることになった。

彼女は現在3年生で大学受験を控えている。甲子園を目指して県大会に出場する硬式野球部の取材・撮影と選手名鑑制作を担当、それが実質的に最後の部活動となり、以降本格的に受験勉強に集中するそうだ。現在理系クラスで生物を選択しており、そのクラスに女性は2人だけという。

「小さいころから自然が好きで、博物館や動物園に行くことが楽しみ。農業や環境問題に

「未来のシモーヌ

Les Simones de demain

シモーヌ シネマレヴュー

この星は、私の星じゃない

中野理恵

映画『この星は、私の星じゃない』は、日本のウーマン・リブ運動をカリスマ的に牽引した田中美津さんの、鍼灸師としての仕事と暮らしを撮ったドキュメンタリーである。監督はテレビ番組製作で経験豊富な吉峯美和さん。私は本作にプロデューサーと配給担当として参加している。

田中さんの最初の著書『いのちの女たちへ　とり乱しウーマン・リブ論』〈一九七二年／田畑書店〉を読んだのは、四〇年以上も前だ。就職した大手企業では女性は正社員採用ではないと判明。そればかりか、男性には開かれている正社員への登用の機会は女性にはない・女性は〈定年36歳／結婚したら退社しなければならない／業務は必ず男性の助手〉等々の実態を知り、その理不尽さを人事部に抗議した結果、配置転換。怒りの持っていき場もなく日々を悶々と過ごした挙句に、原因不明の病を得て通院に明け暮れていた時期、偶然、新宿の書店で目に留まったのが『いのちの女たちへ』だった。〈嫌な男にお尻を触られたくないけど、好きな男が触りたいお尻をもっていたい〉。容易に言葉にできない、というより、発想すらできない率直な言葉ではないか。その後、縁あって『いのちの女たちへ』の〈新装改訂版〉〈二〇一〇年〉、同【新版】〈二〇一六年〉と二版の発行をパンドラで引き受けたので、再読したのだが全く古びていないことに敬服した。恐らく、いつ読んでもその普遍性に対する感想と評価は変わらないだろう。

『この星は、私の星じゃない』でも「私を救いたい、私が解放されたい、私からの出発。可哀そうな誰かや、差別のために頑張るのではなく、私のために頑張ることが世の中全体を変えていくことにつながる」「沖縄の基地問題の根源は本土の無関心にある」等々、響く言葉の連続である。言葉で人は救われる。言葉は人を殺しもし、活かしもする。仏教の経典、キリスト教の聖書、毛沢東語録などなど。それらに通じる、と書いていても決して大袈裟ではないと思う。

（パンドラ代表）

「この星は、私の星じゃない」より（製作：パンドラ+BEARSVILLE　配給：パンドラ）

「この星は、私の星じゃない」は10月26日（土）より渋谷ユーロスペースにて公開予定

『ふたりママの家で』

パトリシア・ポラッコ／絵・文
中川亜紀子／訳
サウザンブックス社刊
2,300円+税

本書はLGBTがプライドを持って生きるための書籍をクラウドファンディングで出版していくシリーズ「PRIDE叢書」の第2弾として出版されました。子育てをしている同性カップルは実は当たり前に存在します。この絵本は、そんな当たり前の家族の日常を描いたものです。騒がしい日常の中で子どもたちは成長し、お母さん2人は年老いていく。どこにでもある家族の日常が描かれています。この絵本を子どもたちが読んで、同性カップルの子育てがごく当たり前のことだと分かってくれたらと願っています。

（サウザンブックス社／宇田川しい）

『痴漢とはなにか　被害と冤罪をめぐる社会学』

牧野雅子／著
エトセトラブックス刊
2,400円（予価）+税

なぜ日本では「痴漢」という性犯罪がこんなに日常化しているのか。『刑事司法とジェンダー』の牧野雅子さんが、警察統計を読み解き、また、雑誌や新聞記事で電車内痴漢が戦後からこれまでどう語られてきたか、ジェンダー視点で分析した渾身の研究書です。解決策を考えるためにも、「痴漢とはなにか」の前提をまずは共有する必要があります。サブタイトルに、本来「被害」と対で論じられるべき「加害」でなく「冤罪」と入っている理由も、この本の重要なテーマです。

（エトセトラブックス／松尾亜紀子）

人文・社会書の限られた棚で、いかにフェミニズムの関連書を充実させるか奮闘中。

質、意見を持っているけれど、それでもなおフェミニストです。そういう自分を受け入れることがどんなに晴れ晴れとした気分か、言葉では言い表せないぐらいです。

(『バッド・フェミニスト』P.9)

この本があったから私は自分をフェミニストだと、小さな声でも宣言することができます。「理想のフェミニスト」像なんて必要ないのです。

話題のフェミマガジン『エトセトラ』も取扱中。

以降、この2冊のようにポップでオープンな雰囲気を纏ったフェミニズム本がたちまち増え、売り場での反応はどれも上々でした。2018年のチョ・ナムジュ著『82年生まれ、キム・ジヨン』(斎藤真理子訳、筑摩書房)は版元・書店の予測を超えた大ヒットとなり、多めに注文したつもりの初回注文分が一瞬で完売。重版を待たねばならなかった時は完全に読者を見損なっていたと大反省するとともに、その驚異的な売れ行きに感激しました。キム・ジヨン後も数々のフェミニズム本がヒットしているのはまさに、時代から求められているのだと感じます。

買い手は比較的若い方が目立ちます。平積みからすっとその中の1冊を手に取りレジへ持っていくお客様たちの佇まいやまなざしを見ていると(書店員は案外そういうのを観察しているものです。ごめんなさい)、このブームは一過性のものではない、そんな確信をもって今日も売り場に立っています。

(水越麻由子/今野書店[西荻窪])

〒167-0042 東京都杉並区西荻北3-1-8

書店からはじまるフェミニズム①

「将来の夢はお嫁さん！」小学校低学年の頃、愛読していた少女漫画誌を丹念に一字一句見落とすまいと読み耽っていた私は、その言葉にショックを受けました。それはそんな風に将来の夢を表現するのかという驚きと発見です。だって「お嫁さん」は職業ではないから。少女漫画的文脈の中で語られるそのワードは、あまりにも漠然としながら甘い夢が詰まっています。こういうことを可愛く言ったりすることが「女らしさ」なのだなあ、と子供心に憧れたのでした。

かようになんでも真に受ける傾向のあった私。いつしか常に自分の中に象徴的な「理想の女」が住まうようになり、その虚像は学生、OL、妻……と私自身と共に変化していくのですが、彼女には永遠に追いつけないのが苦しいのです。いま思うと恥ずかしい話ですが。袋小路から私を引っ張り出してくれたのもまた本でした。雨宮まみや山内マリコなど同世代の書き手たちの、自我を呼び覚ます鮮烈な文章を前に「理想の女」は瓦解し、少しずつ呼吸が楽になっていきました。堀越英美著『女の子は本当にピンクが好きなのか』(Pヴァイン)で、ジェンダーの抑圧にはじめて自覚的になることができました。

さて、書店員としてフェミニズム本の転機と感じているのは2017年に出版されたチママンダ・ンゴズィ・アディーチェ著『男も女もみんなフェミニストでなきゃ』(くぼたのぞみ訳、河出書房新社)とロクサーヌ・ゲイ著『バッド・フェミニスト』(野中モモ訳、亜紀書房)です。

私は公然と「バッド・フェミニスト」を名乗ります。なぜかというと、わたしは欠点だらけで、人間だから。(中略) 私はフェミニズムの主流から外れてしまうような関心、個人的資

ずるこのおんな食べ物帖❶

サクサクしゅわっ

みよ子さんのミルクキャラメルの霧

松谷みよ子という作家がいます。小さい頃に『モモちゃんとアカネちゃんの本』という童話のシリーズや『龍の子太郎』を読んだ方もいらっしゃるかも。あるいはもっと小さくてバブバブプハーッとしていた頃に『おふろでちゃぷちゃぷ』や『いいおかお』なんていう絵本を読み聞かせしてもらったかもしれないですね。一九七四年初版の「モモちゃんとアカネちゃん」シリーズには、しょっぱなから、いいにおいのするチューインガム、カレー粉を背負ったお野菜たち、アイスクリームなどが生まれたばかりのモモちゃんのお祝いをしようと次々に登場。すでにザ・食いしん坊でありました子供の私は目をパチパチして、それはもう大興奮でした。なにしろモモちゃんのお家の黒猫のプーまで自分のことを「ほかほかしたやきたてのあんパン」なんて言うんだもの！「ねえ読んで読んで」と何度も母にせがみました。ひとりで読めるようになってからは一〇〇ぺん以上読み返しました（今でもたまに読むと、あんパンな猫おいしそう……と、ベロがじーんとします）。でも、そんなお話をずうっと読み進んでいくと、えっ！と思うような不思議なことや恐ろしいことが、次々と起こります。死神や、人間ではなくて靴だけが、おうちにやってきたりするのです。子供心に胸の奥がなんだかぼんやりと暗くなるような気分。不穏です。いったい何が起こっているのか？

それはパパとママのお別れでした……そんなお話を書いたのがみよ子さんです。

みよ子さんは一九二六年生まれ、四人きょうだいの末っ子。小学生の頃にお父さんを交通事故で失くし、遺された家族はそれまでの豊かな暮らしから一変、質素な生活を余儀なくされます。その後大きな戦争に飲み込まれ、お兄さん二人は兵隊になり、東京で空襲を経験したお母さんとお姉さんとみよ子さんは信州に疎開。終戦後はお母さん、復員してきたお兄さん、夫を失くし病気をして入院生活をしているお姉さんの子供との生活基盤を東京で作るために、みよ子さんは上京し、大奮闘。そして後に夫となる男性と出会いますが、みよ子さんは病に倒れてしまいます。闘病を経て結婚し、二人の子供に恵まれますが、劇団を主宰しカリスマ性のある夫の女性関係や、彼の取り巻きと自分との立場に悩み、離婚します。その後は友人たちや親族に支えられながら子育てと創作、民話の収集を続け、多くの名作を生みました。『モモちゃんとアカネちゃん』はみよ子さん自身の家庭のお話なのでした。この辺りのいきさつはみよ子さんの本『自伝 じょうちゃん』や『小説・捨てていく話』に書かれています。そこには夫や劇団との関係に葛藤し、ほとほと疲れたのちにすっきりと自立していくみよ子さんの姿があり、子供の私がモモちゃんのお話を読んだときに感じていた不穏の正体が分かって、すとんと腑に落ちたのです。『自伝 じょうちゃん』には、みよ子さんの家族との思い出、読書体験、疎開先の信州のきらめくような自然と優しい人々、学校、お勤め先、入院先での友人たちとの気の置けない交流や、困ったときにヒョイッと助けに来てくれるスーパーウーマンたちの話であふれています。頼もしい友人に囲まれ、知的な刺激を受け続けていたみよ子さんをとても羨ましく思うのです。

さて『自伝 じょうちゃん』の中には、私の鼻の周りにこびりついて離れない印象的なエピソードがあります。ある用事のために小さな甥をおぶってお兄さんと訪れた霧深い長岡の町で、みよ子さんが「ミルクキャラメルのにおいがする」と言うのです。お兄さんは「そんなもの、あるわけないだろ、霧のにおいだよ」と言うのです。ミルクキャラメルの霧！ そんなすてきなイメージにちょっとだけ寄せたお料理として、今回は「ミルクキャラメルの焼きメレンゲ」のレシピをご紹介。メレンゲを泡立てるのは少々くたびれますが、文明の利器・ハンドミキサーを使えばなんてことはありません。材料はシンプルで、口に入れるとサクサクしゅわっと溶けます。卵白は冷凍保存が可能で、黄身だけの贅沢な卵ご飯なんかをしたときに、ひとつ分ずつ冷凍しておくと良いかも。

晩年のみよ子さんと大泉のご自宅でお会いする機会があり、お喋りをした後にみよ子さんがふと私の手を握ってくれたのです。そのとき、なぜかこの「キャラメルのにおいの霧」のくだりを思い出していた私の目は、みよ子さんのしっとりとした手を見つめながら、また食いしん坊のパチパチになっていたんじゃないかな、たぶん。

（文・絵：江戸川ずるこ）

ミルクキャラメル風味の焼きメレンゲ

材料：
卵1個分の卵白
グラニュー糖 大さじ3杯
ミルクキャラメル 5粒
水 大さじ3杯

①小さい鍋に分量の水とミルクキャラメルを入れて火にかけ、煮溶かす。
②清潔なボウルに卵白を入れてハンドミキサー高速で白っぽくなるまで泡立てたら、グラニュー糖を少しずつ加えながら、ツヤが出てピンと角が立つまで更に泡立てる。
③溶かしたミルクキャラメルを混ぜたら、クッキングシートを敷いた天板いっぱいにティースプーンで直径2cmくらいに丸く落とす。
④110℃で余熱したオーブンで60分ほど、こんがりするまで焼き、冷ます。
＊十分に焼けていないとサクサクしませんのでよく焼いて下さい。

執筆者一覧（掲載順）

インベカヲリ★

一九八〇年東京都生まれ。写真家。ノンフィクションライター。第四三回伊奈信男賞。二〇一九年日本写真協会賞新人賞。近著は、写真集『理想の猫じゃない』『ふあふあの隙間』①②③（赤々舎）など。『月刊カメラマン』『週刊読書人』『よみもの.com』にて連載中。

石川優実

一九八七年生まれ。グラビア女優・フェミニスト。二〇〇五年芸能界入り。二〇一四年映画『女の穴』で初主演。二〇一七年末に芸能界で経験した性暴力を#MeTooし、話題に。それ以降ジェンダー平等を目指し活動。二〇一九年、職場でのパンプス義務付け反対運動「#KuToo」を展開、世界中のメディアで取り上げられる。

木村信子

東洋大学人間科学総合研究所客員研究員。日仏女性思想比較研究。単著：『フランスの他者』（創英社）。共著：『放浪・遍歴・乞食行脚』（創英社）、共訳書：『決定版 第二の性』（新潮社）、『彼方をめざして』（せりか書房）、『サラ・コフマン讃』（未知谷）など。

棚沢直子

フランス研究者。近著は『日本とフランスのあいだで—思想の軌跡—』（御茶の水書房、二〇一七年）。カップルや家族についての研究書『ここまでちがう日本とフランス』（仮題・共著）を出版予定。「銀河」と新幹線の設計者三木忠直の講演を各地で行う。

佐野泰之

京都大学大学院人間・環境学研究科特定助教。専門は現象学・実存哲学。著書に『身体の黒魔術、言語の白魔術 メルロ=ポンティにおける言語と実存』（ナカニシヤ出版）、『今からはじめる哲学入門』（共著、京都大学学術出版会）など。

中村 彩

一九八七年生まれ。東京大学大学院総合文化研究科、リヨン第二大学文学部博士課程在籍。専門は二〇世紀フランス文学、思想、フェミニズム。現在ボーヴォワールやヴィオレット・ルデュックなど二〇世紀半ばに活躍した女性作家に関する博士論文を準備中。共訳書にジュリア・クリステヴァ著『ボーヴォワール』（法政大学出版局）がある。

藤高和輝

大阪大学大学院人間科学研究科博士後期課程修了。博士（人間科学）。現在、大阪大学人間科学研究科助教。著作に『ジュディス・バトラー：生と哲学を賭けた闘い』（以文社）。翻訳書に、ゲイル・サラモン『身体を引き受ける：トランスジェンダーと物質性のレトリック』（以文社）。

斎藤美奈子

一九五六年、新潟市生まれ。文芸評論家。一九九四年、『妊娠小説』（ちくま文庫）でデビュー。二〇〇二年、『文章読本さん江』（同）で第一回小林秀雄賞受賞。他の著書に『名作うしろ読み』（中公文庫）、『戦下のレシピ』（岩波現代文庫）、『日本の同時代小説』（岩波新書）など。

北村紗衣

北海道士別市出身。武蔵大学人文学部英語英米文化学科准教授。専門はシェイクスピア・舞台芸術史・フェミニスト批評。著書に『シェイクスピア劇を楽しんだ女性たち』（白水社）、『お砂糖とスパイスと爆発的な何か』（書肆侃侃房）など。
twitter：@Cristoforou
ブログ：Commentarius Saevus

鈴木みのり

一九八二年高知県生まれ。ジェンダーやセクシュアリティや生活やファッションについて考えたり、書評、映画評、エッセイを書いたり。『i-D Japan』、『wezzy』、『週刊金曜日』（二〇一七年書評委員）、『新潮』、『すばる』、『文藝』、『ユリイカ』ほかに寄稿。
twitter：@chang_minori

福田和香子

一九九三年生まれ。元SEALDsメンバーでアクティビスト。二〇一八年にはMeToo運動の一環として「私は黙らない街宣」を行い、多くの女性や性被害サバイバーからの共感を得た。ライターとしても活動しており、今年から作成を始めたzineはすでに一〇〇〇部近く売れている。最近はミニマリズムとフェミニズムを融合させた生き方を模索中。
instagram：@femtokyo

上間常正

ジャーナリスト、ファッション研究者。一九七二年東京大学文学部社会学科卒、朝日新聞社入社。記者生活の後半は学芸部で主にファッションを担当。退社後、文化学園大学・大学院特任教授（二〇一九年三月まで）としてファッション研究に携わる。朝日新聞デジタル&Wにて「@モード」を連載中。

坂井セシル

パリ・ディドロ大学日本学科教授。近代・現代日本文学。日仏会館・フランス国立日本研究所前所長（二〇一六〜一九）。著書に、フランス・ジャポノロジー叢書『日本の大衆文学』（平凡社）など、日本文学関連書の共編著、およびフランス語翻訳を多数手がける。

山下恒男

元大学教員。発達、知能、心理学史などの心理学関係、差別や冤罪などの社会的問題、ゲームや映画など、多方面のことがらに関心を持ってきた。本稿に関連する著作としては『差別の心的世界』、『近代のまなざし』（いずれも現代書館）などがある。

小林美香

写真研究者。東京工芸大学非常勤講師。写真に関連する記事の執筆や、翻訳などを行うほかに、レクチャー、ワークショップ、展覧会の企画などを手がける。

玖保樹 鈴

フリーライター。セクシャル・マイノリティやAV出演強要問題、女性の人権などがおもなテーマ。主張は割と偏ってますが、そんな自分が割と好き。

二三川 練

一九九三年生まれ。日本大学大学院芸術学研究科博士後期課程在籍。練くん連句の会主宰。第一歌集『惑星ジンタ』（書肆侃侃房、二〇一八年）発売中。

なとせ

一九九五年生まれのレズビアン。FtM芸人万次郎とのお笑いコンビ「SAW&LAW（ソーアンドロー）」のボケとギャグ作り担当。野草の同定と家庭菜園が趣味で、今年の夏はオクラを大量生産した。休みの夜はバッチリメイクとハイヒールで出かけて歌うことと踊ることが大好き。

想田和弘

映画作家。一九七〇年生まれ。一九九三年からニューヨーク在住。自ら「観察映画」と呼ぶドキュメンタリーの方法を提唱・実践。初監督作品は『選挙』（二〇〇七年）。以後、『精神』、『Peace』など。近作は『港町』、『ザ・ビッグハウス』（ともに二〇一八年）。国際映画祭などでの受賞多数。

新行内美和

パリ第三、第七大学で文学を専攻（文学修士）。フランス在住は一〇年ほどで、現在は東京で日仏文化学術交流に関わる一方、兼業翻訳者として活動中。また、ライフワークとして、フランス語と日本語による「おはなし会」を公共図書館などで開催している。

アトランさやか

一九七六年生まれ。青山学院大学フランス文学科卒業。二〇〇一年に渡仏、パリ第四大学（ソルボンヌ大学）にて学び、修士号を取得。パリの日本語新聞『OVNI』でのコラム連載など、パリをベースに執筆活動中。著書に『ジョルジュ・サンド 愛の食卓』（現代書館）など。sayakaatlan.blog.fc2.com/

小野 春

子育てをするLGBTとその周辺をゆるかにつなぐ団体「にじいろかぞく」代表。結婚の自由をすべてのひとに」訴訟の原告の一人。同性パートナーと互いの連れ子三人の五人家族。LGBTのステップファミリー歴一四年になりました。

和田静香

一九六五年千葉県生まれ。音楽評論家・湯川れい子のアシスタントを経てフリーの音楽ライターに。現在は相撲ライターとしても活躍。著書に『音楽に恋をして♪ 評伝・湯川れい子』（朝日新聞出版）、『スー女のみかた』（シンコーミュージック）などがある。

中野理恵

一九五〇年静岡県生まれ。一九八七年に（株）パンドラを設立して現在に至る。視覚障がい者が映画を見る機会を作ることに力を注ぎ、二〇〇二年に日本初の商業劇場での副音声付上映を実現させた。著書に『すきな映画を仕事にして』（現代書館、二〇一八年）がある。

水越麻由子

東京都杉並区、西荻窪にある「街の書店」今野書店の文芸・人文書担当。フェミニストを自覚してからわずか二年の新米。目下勉強中です。

江戸川ずるこ

一九七三年千葉県生まれ。多摩美術大学グラフィックデザイン科卒。イラストとお料理。山下涼生と妄想異国お料理ユニット「ズズデジュネ」を結成。得意料理はビリヤニ。

羊毛でつくるフェミニスト

この作品を作る前に映画『サルトルとボーヴォワール　哲学の愛』（仏・2006）を見た。印象的だったのは、ラストの場面でボーヴォワールが頭に黒いターバンを巻き、黄色のスーツをさりげなく着こなしていた素敵な装い。

これは難易度の高いファッションだと、この人形を作っている時に気がついた。

まず黒いターバンと髪の毛を区別することが羊毛では難しく、白に変えてみた。

また、ターバンとベルトの太さで印象が違うので、ちょうどいいバランスにするのに試行錯誤。すると、一体何がお洒落なのかよくわからなくなってしまった。

ボーヴォワールのファッションは細部のバランスが崩れると、野暮ったい雰囲気になるのではないかと感じました。

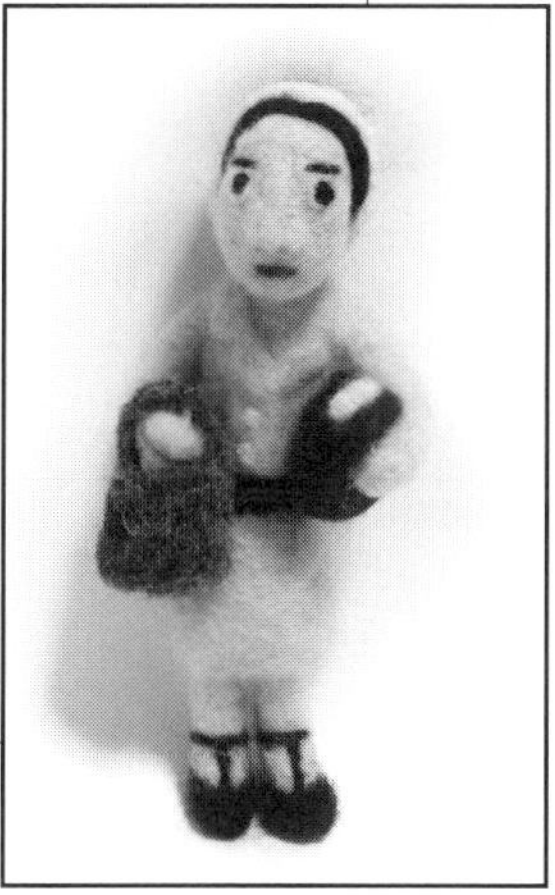

倉島章江
羊毛フェルトで動物からセレブリティまで、気の向くまま色々と制作し
Instagram（@simakuma62）で公開中。

編集後記

ここ数年、文芸誌からファッション誌まで、フェミニズム特集が目立ち、新聞紙面でも女性差別や性被害に関する記事が多く扱われるようになりました。海外のフェミニズム関連書の翻訳出版も好調で、これからも読み継がれるであろう名著がたくさん登場しています。

日本では何十年も前から研究者による素晴らしい学術書や翻訳書がたくさん刊行されていますが、思想以前の「女性にまつわる身近なこと」を考えはじめた人には手にとりにくいと感じることが多いかもしれません。

若い世代に芽吹いた意識と研究者がつながる新しい媒体が必要ではないだろうか？　世代や性別、おかれた状況・立場の違いを超えてジェンダーについて考えていきたい。そんな思いから本書の企画がはじまりました。

二〇一九年はフェミニズムの名著『第二の性』刊行から七〇年。ボーヴォワールが筆をとった動機は「女とは何か」という素朴で、しかし、ややこしい問いでした。彼女へのオマージュを込めつつ、「人は女に生まれるのではない、女になるのだ」から、一歩先へ進むための新しいフェミニズム媒体を目指します。

SNS上でも女性問題に関する投稿が散見され、小さな声が可視化されてきたことは喜ばしい現象ですが、あり余る情報の中でこじれてしまうこともしばしばあります。スマホ、タブレットを少し脇へ置き、もつれたフェミニズムを紙の上で問い直すのが『シモーヌ』の役割です。読者の皆さま、どうぞよろしくお願い致します。そして、手探りの状況にもかかわらず、ご寄稿を快諾してくださった執筆者の皆さま、表紙に切り絵を寄せてくださった益子実穂さん、デザイナーの伊藤滋章さんに心より感謝致します。『第二の性』の再版を祈りつつ……。

（山）

シモーヌ
Les Simones
VOL.1

発行日　2019年11月15日

シモーヌ編集部 編
編集部　山田亜紀子
編集委員　新行内美和

ブックデザイン　伊藤滋章
カバー切り絵　益子実穂

発行人　菊地泰博
発行所　株式会社現代書館

〒102-0072
東京都千代田区飯田橋3-2-5
電話　03-3221-1321
FAX　03-3262-5906
振替　00120-3-83725

印刷　平河工業社（本文）
　　　東光印刷所（表紙）
製本　積信堂

校正協力：高梨恵一
ISBN978-4-7684-9101-0

http://www.gendaishokan.co.jp/
落丁・乱丁本はお取り替え致します。

ジョルジュ・サンド 愛の食卓

19世紀ロマン派作家の軌跡

アトランさやか 著　2000円＋税

ショパンの恋人は、食を愛する「男装」作家でした。現代のジェンダー、環境問題などに気づきを与えるサンドの言葉や思想を「食」という切り口で紹介する新しい文学評伝。サンド作品の食風景を楽しめる現代風レシピも収録。人生は、胃袋と心を満たすことから。夏木マリさん推薦！

キャバ嬢なめんな。

夜の世界・暴力とハラスメントの現場

布施えり子 著　1300円＋税

一見華やかな夜の世界だが、そこには女性を苦しめる出来事が掃いて捨てるほど存在するキャバクラ。賃金未払いは当たり前、セクハラや暴力が横行する世界に対する怒りと闘いのための一冊。さまざまな偏見に苦しむキャバ嬢の日常を活写。痛快！ 爽快！ キャバ嬢の連帯！ 雨宮処凛さん推薦！

#KuToo

靴から考える本気のフェミニズム

石川優実 著　1300円＋税

靴＋苦痛＋#MeToo＝#KuToo！ 職場のパンプス・ヒール強制にNO！ ミソジニークソリプにNO！ 性被害を告白し、フェミニズムに目ざめ、世界が注目するアクティビストとなったグラビア女優・石川優実が痛みと怒りをぶちまける。足もとから広がるシスターフッド！ 英BBC、2019年「100人の女性」に選出。